静かなる大恐慌

柴山桂太
Shibayama Keita

a pilot of wisdom

はじめに

世界経済は乱気流に突入しました。アメリカは先の見えない経済停滞から抜けられず、欧州債務危機はユーロ全体の枠組みをゆるがせています。中国など新興国の成長にも急ブレーキがかかっています。

世界経済のこうした混乱は、なぜ起きたのでしょうか。

冷戦が終結し、世界のほぼ全ての国が資本主義となった一九九〇年代から、各国の貿易は拡大し、国境を越えたマネーの動きも活発になり、それに合わせて、アメリカを中心に各国の政治が貿易や金融の自由化を進めてきました。

今回の一連の危機は、まさにグローバル化の途上で起きました。グローバル化が足りなかったから起きたのではありません。グローバル化が進んだ、まさにそれゆえに起きた危機なのです。

問題は、経済だけにとどまりません。世界経済の混乱が長引けば、影響は各国の政治や、あるいは国際関係にも及ぶことになるでしょう。債務削減をめぐって、ギリシャで民衆の不満が爆発したのは記憶に新しいところです。ドイツと南欧諸国の対立に見られるように、国家間の思惑の違いも浮き彫りになりました。

これはユーロ圏だけの問題ではありません。二〇〇八年以後の世界では、どの国でも似たような国内政治の対立や、国家間の緊張を体験しつつあるからです。ちょうど戦前の大恐慌の時代にも似た、経済、政治、社会の混乱が静かに、しかし確実に拡がっているのです。

日本はこれまで、長引く経済停滞から、貿易や海外投資の拡大に活路を見いだそうとしてきました。グローバル化は歴史の必然であるといわれ、その波に乗ることが日本経済を再生させる唯一の道だと信じられてきました。そして、これほどの大きな危機が起きた現在でも、その考えに大きな変化は見られません。事実、新聞の論調を見ても、グローバル化がこれからも続いていくとする見方を、根本からひっくり返すような議論は見当たりません。

しかし、本当にそれで良いのでしょうか。二〇〇〇年代に入って、世界的なバブルがはじけたあと、世界全体が日本のような「失われた一〇年」や「二〇年」に突入するかもしれないという時代に、世界経済が今後とも波乱なくグローバル化に向かって進んでいくと考えるのは、あまりに不用意ではないでしょうか。

二〇〇八年以後の世界では、明らかに歴史の潮目が変わっています。少なくとも、これまで二〇年間続いてきたことが、今後二〇年続くと考えることはできません。では次の二〇年間で歴史の流れはどのように変わっていくのか――それが本書のテーマとなります。

こうした大きな問題を考えるためには、幅広い知見を動員することが不可欠になります。本書では、いくつもの専門領域――経済学、政治学、歴史学、思想史――で蓄積された理論を踏まえて、議論が進められることになるでしょう。そうしなければ、今の危機の全体像をつかむことはできない、と思うからです。

もちろん、未来のことは誰にも分かりません。各国の危機回避の努力がみのり、世界経済の打撃が最小限に抑えられるという可能性もゼロではないといえます。ですから本書の議論に眉をひそめる読者もおられるかもしれません。

しかし、そうした楽観的なシナリオに依拠しただけでは見えてこない問題があります。本書では、あえてもうひとつのシナリオ——リスク・シナリオを想定したいと思います。そうすることで、グローバル化した資本主義が、今、抱えている問題の本質が浮き彫りになるはずだからです。そして本書の議論が正しいとすれば、日本の進むべき道も、また違ったかたちで見えてくるでしょう。

目次

第三章　経済戦争のはてに

「通貨戦争」勃発
第二次世界大戦の序曲となった通貨戦争
ケインズ以前の世界に回帰している
深まる先進国と新興国の対立
米中経済摩擦
問題の根源はグローバル・インバランス
ドル安で貿易不均衡は是正できない
通貨切り下げで、産業の空洞化は止められない
覇権国不在という不幸
パクス・アメリカーナの終焉？
外れたフランシス・フクヤマの予想
政府指導の「国家」資本主義
「開発独裁」モデルとは異なる国家資本主義
現代版の重商主義

図表／テラエンジン

第一章　「静かなる大恐慌」に突入した

▼危機の本質のつかみにくさ

最初にこの本の目的をはっきりさせましょう。この本では、今、まさに進行中の経済危機について分析します。しかし、ゴールはその先にあります。この進行する危機のなかで、世界はどのように姿を変えるのか。今後一〇年、二〇年で生じるであろう歴史の大きな変化について、中長期の視点から考える、というのが本書の目的です。

現在の経済危機を数年のスパンで分析する本はこれまでも多く出版されているし、これからも数多く刊行されるでしょう。短期で見れば、つかの間の好況に転じる局面があるかもしれません。

しかし、もっと長期に、一〇年から二〇年先の世界を予見してみなければ、今回、我々が直面している危機の全体像を理解することはできません。これから起こってくることというのは、日本人が一般的に考えているよりも、かなりまずい状況のはずだからです。

ところが、そうした視点から危機の本質を説明しようとすると、すぐにぶつかる三つの壁があるのです。

第一の壁は、今の世界経済危機は単なる景気循環による一時的な落ち込みであり、長い目でみれば世界経済はふたたび安定をとり戻す、とする向きがいぜんとして多いということです。二〇〇八年のリーマン・ショック時に、これは「一〇〇年に一度の危機」だと喧《けん》伝《でん》されました。その後、各国のなりふり構わない財政出動や金融緩和によって、八〇年前の世界恐慌の再来は回避されています。そのため、危機は大げさに喧伝されすぎているという批判もなされるようになりました。

しかし、私の考えは違います。これは静かなる恐慌なのです。今回の一連の危機は、明らかに従来の不況とは違う、もっと巨大なインパクトをもっていると考えるべきなのです。

第二の壁は、グローバル化や自由化の果てに国家間の対立が深刻化した、という過去の教訓が、ほとんどふれられることがないという問題です。そもそもグローバル化は、最近になって起きた新しい出来事ではありません。歴史的に何度も起きていますし、その都度、失敗に終わってきました。

具体的にいえば、一〇〇年前のグローバル化は、二度の大戦争によって終わったのです。グローバル化——少なくとも今のようなかたちで進むグローバル化は、決して安定した未来を約束するものではありません。

第三の壁は、今回の危機が、単なる経済危機にとどまらず、国内政治の危機を伴っているのに、両者の関係をきちんと分析したものが少ないという問題です。とくに先進国では、この二〇年間のグローバル化・自由化で国内社会が大きく混乱しました。日本では所得格差の拡大や、大都市への人口集中による地方経済の疲弊が問題視されていますが、これは日本だけで起きている現象ではありません。グローバル化した世界では、ほとんど必然的に起きる現象です。

問題は、こうした経済・社会問題を解決するべき政治の力が衰え始めていることです。現代の危機を考えるうえでは、経済だけではなく政治や社会、それらの関係に注目する必要があるのです。

▼乱気流にのみこまれたグローバル経済

この章では、第一の壁を突き破るところから始めるとしましょう。現代の経済危機は、単なる景気循環の一時的な後退局面でもなければ、グローバル化の途上で起きた一時的な波乱で終わる性質のものでもない、という事実を、まずは確認しておきたいのです。

今回の一連の経済危機は、二〇〇二年から〇八年まで続いた世界的な信用バブルが崩壊したところから始まりました。この間、世界的に低金利が続いたうえに、好景気にあおられた欧米の主力金融機関が極端にレバレッジを拡大したため、ありあまった資金が世界中を駆け巡りました。その結果、アメリカでは不動産価格が高騰し、グローバル化の影響もあって世界中から資金が集まりました。欧州にも資金は流れ、アイルランドやスペインでは不動産バブルが生まれ、ギリシャやイタリアでは政府と民間の両方とも、債務を急激に増やしていったのです。こうしてふくらみにふくらんだバブルが、〇八年のリーマン・ショックで崩壊に向かったというわけです。

当初は、アメリカの状況がもっとも危機的だといわれ、サブプライム・ローンなどの無理な貸し付けや、それを助長した金融テクノロジーに批判が集まりましたが、その後、アメリカよりも欧州のバブル崩壊のほうが、インパクトは大きいことが次第に判明してきました。アイルランドやスペインの住宅バブルの崩壊は、欧州の金融機関に大きな打撃を与え、ギリシャやイタリアの国家債務危機が、ユーロ圏全体の信用を揺るがせています。欧州で危機の第二幕が始まったのです。

しかも今回の欧州危機は、ユーロ圏内部の「南北格差」が背景にあるため、解決がきわめて難しいのです。ユーロを導入してからというもの、為替が固定化されたため、ドイツなどの北部ヨーロッパと、ギリシャなど南部ヨーロッパの経済力の格差が、鮮明になってきました。

ギリシャ、イタリア、スペイン、ポルトガルの南欧四ヵ国の経常収支赤字は、好景気の時期にはあまり問題視されていませんでしたが、バブル崩壊のしわ寄せは南欧四ヵ国に集中し、もっとも経済力の弱いギリシャが、まず危機におちいったのです。

返済能力のないギリシャの財政赤字をファイナンスしていくためには、ユーロ圏全体の財政統合を進め、欧州議会の権限を強めていくしかありません。しかし、国民国家の枠を越えた政治統合には反対も多く、容易に前進しません。

そのため、ギリシャなどの南欧四ヵ国は、財政赤字を減らすために歳出を削減せざるをえない状況です。つまり、本来、景気浮揚のために必要な公共事業などの財政出動を行うことはできず、景気は回復しない、税収はあがらない、債務返済能力がさらに損われていくという悪循環におちいっています。

▼国境を越えて連鎖するショック

さらに問題なのは、欧州の金融機関の貸し出し先です。世界的な信用バブルに乗って、欧州の金融機関はアメリカ、東欧、東アジアなど世界中に過剰融資を行ってきましたが、これが縮小していくなかで、さまざまな問題が発生すると予想されています。実際、欧州の金融機関が資金の引きあげを始めたことで、香港を皮切りに東アジア各国でも不動産価格が下落しています。[*1] 欧州危機が深刻化していけば、東アジアの資産デフレはさらに悪化していくでしょう。

くわえて、欧州での景気の落ち込みは、欧米への輸出を伸ばすことで急成長を遂げてきた中国などアジア諸国の実体経済にも影響を与えずにはおきません。この一〇年間、日本や韓国が高性能部品を供給し、中国で組み立てられた製品が、欧米の巨大市場に向かうという「三角貿易」とも呼ばれる構図が成立してきました。しかし、アメリカと欧州の経済危機で、不況の波が次第にアジアにもおよび始めているのです。

とくに中国にとって、リーマン・ショック以後、EUが最大の輸出先となっています。輸出産業への打撃や不動産価格の下落など、これから厳しい局面を迎えることになるでしょう。もちろん、日本も例外ではありません。

このようにアメリカとEUという、世界全体のGDPの半分を占める巨大な経済圏で起きたバブル崩壊は、それ以外の地域にもさまざまなかたちで影響を与えています。主力エンジンふたつを失った世界経済は、大恐慌のあった二〇世紀前半にも似た乱気流に突入しようとしているのです。

▼静かなる大恐慌

しかし、現代の経済危機を「恐慌」と呼ぶことには、異論があるかもしれません。恐慌とは文字どおり「恐れ慌てる」というパニック状態、具体的には企業の連鎖倒産や銀行の取り付け騒ぎが各地で起きるような事態を指すのが普通だからです。

一九二九年に始まった世界的な経済危機は、まさしく「恐慌」でした。震源地となったアメリカの経済崩壊はすさまじく、失業率は二五%を越え、GDPは名目で半分近くにまで落ち込みました。取り付け騒ぎで銀行が連鎖倒産し、信用秩序も崩壊しました。世界の貿易はスパイラル状に収縮し、各国は相次いで金本位制を離脱、通貨切り下げによる輸出拡大（いわゆる近隣窮乏化政策）に走ったのは、世界史の教科書にあるとおりです。

一九三〇年代の世界恐慌と比較すると、リーマン・ショック後の世界は実に穏やかに見えます。しかし、この深刻な経済危機が穏やかに見えてしまうのは、二〇〇八年以降から、各国政府がなりふりかまわぬ救済策に走ったからにほかなりません。

危機の引き金を引いたアメリカでは、ＡＩＧやバンク・オブ・アメリカといった大手金融機関の救済、経営危機におちいったＧＭへの公的資金注入など、前例のない規模での介入で事態の沈静化をはかりました。欧州でも、合計すると一兆ユーロを超える資金を金融機関に注入しています（二〇一二年五月現在）。日本でも麻生《あそう》政権が、総額七五兆円の金融・財政措置（うち財政支出は二〇兆円）をとったのが記憶に新しいところです。

つまり、戦前の大恐慌のときに比べて経済運営の智恵が増え、政府活動の余地が大きくなったために戦前のような急激な経済崩壊は避けられたというわけです。

しかし、本質的には大恐慌に匹敵する危機の水準であると考えるべきなのです。はじけ

図1　アメリカの住宅価格指数の推移（1890年を100として）

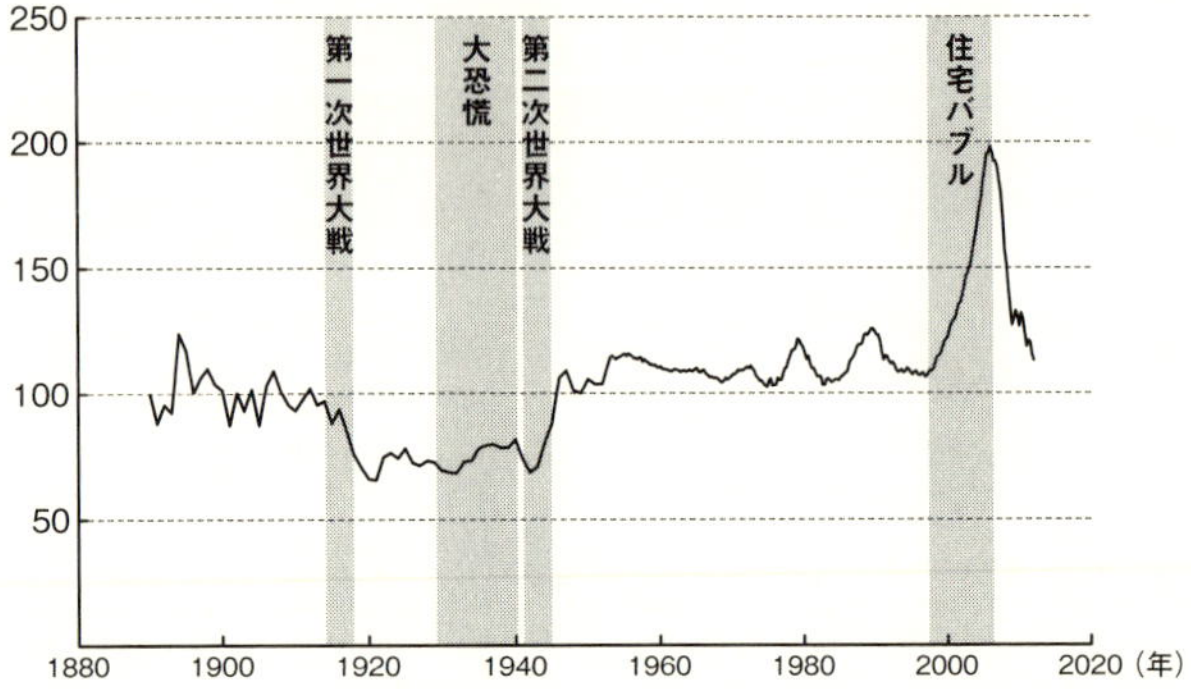

ロバート・J・シラーのデータ（http://www.econ.yale.edu/~shiller/data.htm）をもとに作成

たバブルの大きさを見ても、大恐慌の前にふくらんだバブルをはるかに上回る規模だからです。

▼戦後最大のバブル崩壊

例えば、この一連の危機の発端となったアメリカの住宅バブルの規模の大きさです。アメリカ住宅価格の長期的推移を見ると、二〇〇〇年代の住宅価格の上昇率は、前例のない規模だったことが分かります（図1）。この住宅価格の異常な上昇を見るだけでも、二〇〇八年をピークとする今回のバブルが、未曾有の規模であったことが分かります。

巨大バブルの崩壊はかならず実体経済の長

図2　家計債務の対GDP比率

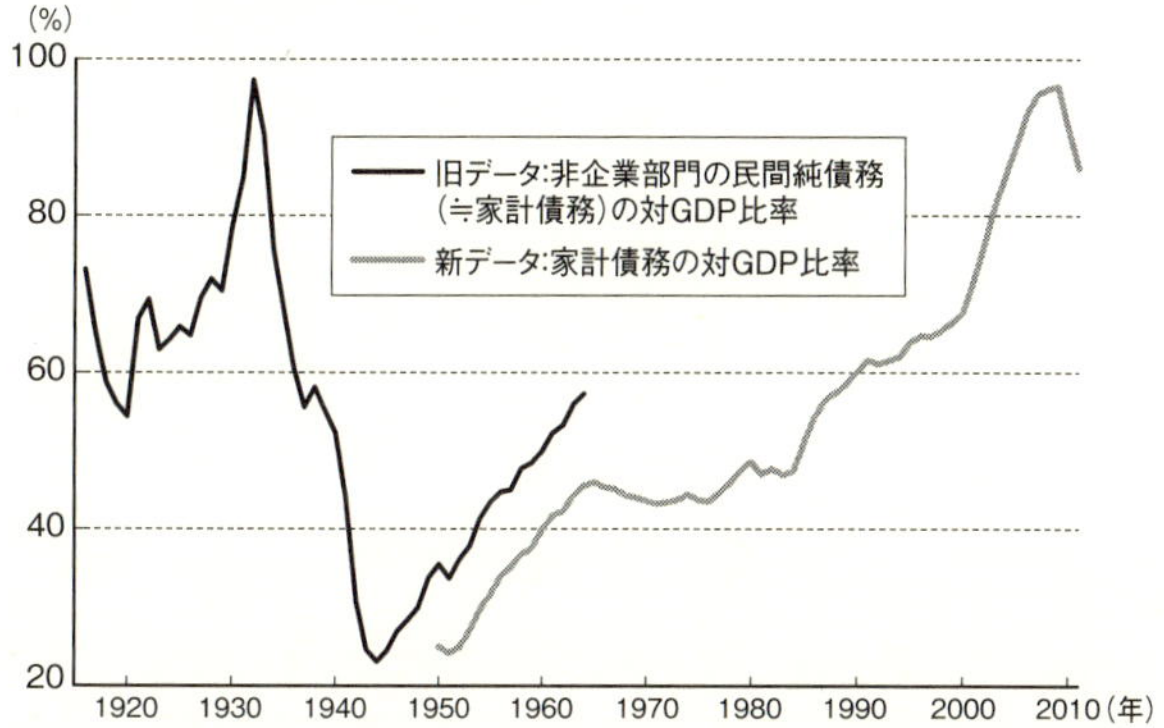

Historical Statistics of the United States, Flow of Funds (FRB), IMFのデータより作成
FRBによる家計債務の統計は1950年以降のものに限定されるため、20世紀前半については近似値を示すデータを利用

期的停滞を招きます。九〇年代のバブル崩壊後の日本を思い浮かべれば分かるように、不良債権をかかえた金融機関は貸し出しを制限しますし、民間も大型の消費や投資を控えます。経済全体で債務の圧縮が起こるという「債務デフレ」がしばらく続くのです。アメリカの場合も、その調整は長く続くことになると予想されます。

図2は、GDPに対して、アメリカの家計が抱える債務の比率をグラフにまとめたものです。債務比率の増大は、資本主義においては成長の原動力です。第五章でくわしく説明しますが、資本主義においては外部から多くの借り入れを行い、投資や消費を行うことで

経済のパイが大きくなるのです。しかし、返済能力を超えてふくらんだ債務は、かならず調整の局面を迎えます。

債務比率という観点から見た場合、リーマン・ショック前のアメリカは、一九二〇年代に匹敵する債務の拡大期にありました。二〇〇八年から始まった債務の圧縮は、これからしばらく続くと考えるべきでしょう。つまり、バブル期に借金を増やし、消費や投資を行っていたのが、今度は一転して借金を減らし、消費や投資を極力手控えるようになったのです。日本と同様に「失われた一〇年」を体験する可能性は高く、日本と同じレベルでとどまればむしろ御の字、と主張する経済学者もいるほどです。[*2]

一九二〇年代と同等、あるいはそれ以上のバブルがふくらんでいたにもかかわらず、「恐れ慌てる」パニック型の恐慌に発展しないのは、経済の崩壊を防ぐために、政府が借金をして支出を増やすことで需要をつくり続けているからです。つまり、政府の債務はこれからも拡大していくはずです。そして、急激な経済崩壊は避けられたとしても、深刻な不況が長期にわたって続く可能性が非常に高いのです。その意味で、今の我々が直面しているのは単なる景気後退（リセッション）ではなく、本質においてやはり恐慌（デプレッション）と考えるべきでしょう。

▼危険な再分配政策に後押しされた巨大バブル

では、なぜ一九二〇年代に匹敵するような巨大なバブルが放置されたのでしょうか。アメリカの経済学者のラグラム・ラジャンによれば、この背景に再分配にまつわる政治の失敗がありました。[*3]

アメリカでは一九七〇年代から、賃金の格差が急激に開いてきました。一九七五年から二〇〇五年にかけて、所得の上位一〇％の賃金は、下位一〇％の賃金に比べて六五％多く増加、いわゆる中間層といわれる部位の賃金も伸びず、全体として上位層だけが所得を増やしているという実態があります。

こうした階層分離は、社会を不安定にします。将来における所得上昇の期待がなくなると、ひとたび下位におちいった人々の、社会に対する不満がひどくなってしまうからです。

それを是正する手段は税制と所得再分配ですが、一九七〇年代からアメリカの連邦議会はその是正に消極的な態度を取り続けてきました。そこで注目されたのが、政府による融資の拡大、とりわけ住宅融資の拡大です。ファニーメイ（連邦住宅抵当公庫）やフレディマック（連邦住宅金融抵当公庫）といった公的機関を通じて、政府が住宅融資に暗黙の保証を与えることで、とくに低所得層が住宅ローンを借りやすくなるようにしていったわけです。とくにブッシュ政権が「オーナーシップ社会（持ち家社会）」の構築を提唱した二〇〇一年以降は、ＦＲＢ（連邦準備制度理事会）の低金利政策と相まって、住宅ブームを煽《あお》る結果につながっていきました。

これらはすべて、教育や福祉の立て直しによる中間層の育成という面倒な選択を避け、手っ取り早く低所得層に経済成長の果実を配分しようとする政治的選択の結果だった、というのがラジャンの指摘です。

これはアメリカの住宅バブルについての分析ですが、おそらく世界各地で同様のことが起きていると考えていいでしょう。格差の拡大を是正するには、膨大な手間とコストがかかりますし、高所得層の反発も買います。中間層の育成に力を注ぐよりも住宅の取得を容易にしたほうが、好景気が続いている時代には、はるかに手っ取り早い選択なのです。

こうした政治的後押しが、バブルを助長してしまったというのは、非常に示唆的です。

欧州でも中国でも、あるいはかつての日本でも、不動産価格の上昇を政府が黙認しがちなのは、こうした社会的背景があるためでしょう。この危険な再分配策が、史上最大のバブルを生み出すひとつの要因になったというわけです。

▼ストック経済がバブルを巨大にした

しかし、今回のようなバブルの異様なふくらみ方は、グローバル化の影響なしにはありえなかったでしょう。グローバル化のもとでは、ひとたびバブルが始まると、世界中から資金が集まってきます。国境を越えて資本が移動する、それも短期で大量の投機資金が移動しますので、各国の経済はその動きに振り回されやすくなるのです。

例えば、アメリカには、一九九〇年代からドル高政策をとったことで、産油国やアメリカ向けの輸出で黒字をためこんだアジア諸国から大量に資金の流入がありました。この二〇年間の世界経済は、アメリカの対外不均衡（グローバル・インバランス）のもとで、世界中から大量の資金がアメリカに集まるという構造にあったわけです。

また、一方で、資金の額そのものが大きくなってきています。とくに経済の成熟した先進各国では、国民のもっている資産の割合が桁違いです。例えば、日本では個人の金融資産が一四〇〇兆円あります。GDPが約五〇〇兆円ですから、三倍近い資産があるということです。日本だけではなく、先進国ではどこもGDPの三〜四倍の資産が存在しています。GDPという経済のフローよりも、資産などのストックのほうが規模が大きくなっているのです。

先進国はどこも高齢化社会を迎え、年金などの資産運用などに人々の関心が集まっています。こうした大量の資金が、少しでも有利な投資先を求めて、世界中どこにでも流れ込み、そして一瞬のうちに引きあげていく。どの国の政府も、このような資金の流れを管理することができません。

むしろ国内に資金のない新興国などは、資金を積極的に集めるため、市場友好的な政策をとろうとします。そうした政策は一方では新興国を中心に急激な成長をもたらしますが、他方で危機が起きたときの資本逃避の谷を深くするのです。その典型が一九九七年のアジア通貨危機でした。

そして今回のリーマン・ショック後も、リスクを恐れた資金が、原油や金などの市場に向かい、価格を押し上げたり、あるいは欧米にくらべれば小康状態の日本に流入して円高を急進させたりしています。商品市場や為替市場のこうした予期せぬ変動が、実体経済を大きく混乱させているのは間違いないところです。

▼グローバル化で世界経済が脆弱《ぜいじゃく》に

バブルは資本主義につきものですが、現代ではその崩壊による被害がまたたくまに国境を越えて拡散していきます。一九八〇年代の日本の不動産バブルでは、バブルに踊ったのも、バブル崩壊で泣いたのも日本人でした。しかし、グローバル化の進んだ現在では、バブル崩壊の影響は一国にとどまりません。今回のように、世界経済の中心で起きた巨大バブルの崩壊であればなおさらです。

しかも、その影響が事前には予想できないという問題もあります。例えば、二〇〇七年にサブプライム危機が発生した当初は、被害がこれほど拡大するとは考えられていませんでした。サブプライム・ローン残高は、アメリカの全住宅融資残高のわずか二〇％程度にすぎず、その影響は軽微にとどまるだろうという楽観論が支配的でした。しかし蓋を開けてみれば、サブプライム・ローンが証券化され、世界中にばらまかれていたことが分かり、信用市場の大混乱が引き起こされたのです。

今回のギリシャ危機でも、二〇〇九年に最初に問題が起きたときには、これほどの被害になるとはまだ考えられていませんでした。ギリシャのGDPは、ユーロ加盟一七ヵ国の三％弱にすぎません。しかし債務危機がイタリアやスペインに波及することで、危機が拡大していったのです。

数字上は小さく見える事件でも、危機の伝染で経済システムが麻痺《まひ》し、その後の展開によっては世界経済を崩壊させるに十分なインパクトをもってしまう。この脆弱性こそグローバル経済の大きな問題といえます。

▼システミック・リスクに脅かされる世界経済

現代のあまりに複雑に結びついた経済世界では、もはや誰もその全体像を見渡すことができず、その後の展開を正確に予測するのは限りなく困難になっています。こうしたリスクは近年、「システミック・リスク」と呼ばれていますが、このリスクの大きさを計測する手立てはまだないのが現状なのです。

今回、アメリカのバブル崩壊に始まった危機は、ヨーロッパに連鎖しました。次にどこに連鎖し、どんな被害が起こるのか。私はアジアに飛び火する可能性が高いと思いますが、それも蓋を開けてみなければ分かりません。こうした危機の連鎖は、事後的には検証できますが、事前に予測を行うのはきわめて難しいのです。

金融だけでなく、製造業の世界でも同じことがいえます。二〇一一年、タイで大洪水が起こった際、部品工場が水没したために、自動車などの生産がストップするという事態が起きました。製造業は、部品の供給から組み立てまで、今や世界中に供給網を展開しています。この全体状況は、政府でさえも把握していません。

政府と経済界の結びつきが密接だった昔と違い、今では、政府は民間の経済の動きを十分に把握できていません。大きなダメージが表面化して初めて資本の流れが明らかになり、思いもよらないところで危機の連鎖が起こってくる。グローバル経済で緊密に接続された世界では、こういう事態がいくらでも起こりうるのです。

今回の危機でも、アメリカで始まったバブルの崩壊が、ヨーロッパに飛び火したあと、次にどこでショックが起きるかは、起きてみるまで誰も分かりません。確かなのは、次のショックは弱いところから襲うだろうということ、そして、さらに次のショックへとつながっていくだろう、ということだけです。

▼事前に対策をとるのは不可能

本来、こうしたショックが起きないようにするのが、各国の政策担当者の智恵の絞りどころのはずですが、グローバル化と自由化が進んだ現在では、政府は市場の動向を簡単に把握できません。とくに金融市場では、あまりに資金の規模が大きく、動きが速いうえに、政府の監視を逃れて水面下で移動する資金もあるため、どんな危機が起きるかを政府が事前に察知することはほとんど不可能です。

したがって現在では、政府は、危機を察知して未然にそれを抑えるというよりも、危機が起きたあとでその事後処理をするしか手立てがないのです。

今回の危機が起きたあとでの各国政府の行動は迅速でした。とくにアメリカでは、かつての日本の失敗から教訓を得て、金融機関への大量資金注入と救済をはかり、その後も大型の景気対策を打ち、量的緩和を進めるなど、恐慌が本格化しないよう、やっきになって取り組んでいます。このように、ひとたび何か起きたら、政策当局が迅速に事後処理を行う、というのが各国政府のコンセンサスになっています。

▼新自由主義的な事後救済

こうした事前ではなく事後の介入を重視するというコンセンサスには、新自由主義とよばれる政策思想の特質を見てとることができるでしょう。一九八〇年代以降、政府が市場の動きに一定の規制や介入を行うのではなく、民間の自由な動きに任せるという新自由主義が、英米を皮切りに世界に広まりました。

この考え方に従えば、政府は規制などで民間の経済活動に枠をはめるべきではなく、できる限り事前の介入は行わない。財政規律を守るために政府支出は抑えるべきで、何か起きたときに、市場秩序が破壊されないよう、最低限の介入を行うべきだ、となります。つまり、政府は事前に経済を管理するのではなく、あくまで何か起きた場合に、事後的にその調整を行う、という考え方に変わったのです。危機が起きた場合には、政府や中央銀行が迅速に事後処理を行って景気の底割れを防ぐ。そうして一時の危機をしのげば、経済はふたたび正常化していくだろう、というわけです。

しかし、通常の景気循環の後退局面であればこれでいいのかもしれませんが、今回のような巨大なバブル崩壊後の経済では、必ずしもうまくいっていないように見えます。リーマン・ショック後のアメリカが行った財政出動、金融緩和は、経済が巨大な崩壊に向かうのを防いだという意味で効果はあったのですが、経済が正常化するというにはほど遠い状況でした。債務デフレは簡単には収まりませんし、欧州危機という次の爆弾もあります。バブルに踊った民間経済のつけを政府が支払うには、そのコストはあまりにも大きすぎたのです。

▼欧米の金融緩和がもたらす負の作用

債務危機にくわえて、金融緩和の副作用も起き始めています。北アフリカで起きた一連の暴動も、投機資金が小麦価格を押し上げたことで、食料品価格が高騰し、住民の不満に火がついたといわれています。貧富の差が拡大している新興国では、食料の高騰は低所得層の家計を直撃します。

そのうえ、世界的な不況のあおりを受けて、若年層の失業が増大しています。若年人口の多い、北アフリカや中東諸国にとって、これは体制を揺るがす事態に発展しました。チュニジアやエジプトで始まった長年続いた独裁政権への反乱は、今も拡大しています。こうした政情不安は、今後とも各地で続くでしょう。

ドイツの人口学者グナル・ハインゾーンは、今、新興国で起きている若年人口の増加（ユース・バルジ）が、政情不安やテロ、内戦などを引き起こす原因だと指摘しています。[*4] どの国でも、不況による失業のしわ寄せは若年層に行きますが、福祉の充実していない新興国では、若者の不満がダイレクトに政権への不満へと発展してしまうのです。今、北アフリカや中東を皮切りに起きている暴動は、単なる民主化運動で片付けることはできません。リーマン・ショック後の世界的な経済危機という文脈から考える必要があるでしょう。

ほかにも、第三章でくわしく述べますが、為替の切り下げ競争による「通貨戦争」と呼ばれる事態も無視できません。金融緩和は通貨安を招き、とくに欧米の通貨安は、欧米向けの輸出で成長してきた新興国に混乱をもたらしています。危機に苦しむ欧米がとった自国の救済策が、今度は新興国を苦しめてしまうという構図が生み出されているのです。

もちろん、欧米をはじめとした先進国が今の危機を脱するためには、金融や財政の出動は必要ですし、今後、もっと大胆にそれを行う必要が出てくるでしょう。史上最大のバブルがはじけ、企業の倒産や失業が減らず、今後もさらにその増大が予想される場合にはなおさらです。その事態を傍観している場合ではありません。とくに日本では、その危険性がまだまだあると私は思います。

しかしここで論じたいのは、その先に待ち受けている事態です。仮に、政府の働きで今の危機を乗り切ったとしましょう。しかし、それで今の危機がすべて解決するわけではありません。ひとつの病気を治すために飲んだ薬が、今度は別の病気を発生させるように、次々に新しい問題が生み出されてしまうからです。しかも今度は、新興国の政情不安や、新たな国家間の対立など、問題のフェーズが経済だけではなく、国内政治や国際政治を含んだ、もっと大きなものへと拡大していきかねないのです。

▼グローバル化と自由化を問い直す

こうして事態を眺めると、現在の世界経済危機が、その発生や事態の展開という点でも、また事後的な救済がもたらす副作用という点でも、根が深い問題であると思わざるをえません。真の問題はやはりグローバル化です——正確には、新自由主義のもとで進められるグローバル化というべきでしょう。

こうしたグローバル化は、世界経済が好調のときには各国の経済成長を加速させますが、副作用としてバブルの規模を大きくし、被害もグローバルに拡大させます。その被害が、国家の統治能力の低い新興国へと波及すると、危機はさらに複雑化するのです。

もちろん、貿易や投資を拡大していくこと自体は、資本主義である以上、止められない現実といえます。また、そのことがもたらすメリットもあります。

しかし問題は、こうした動きを市場の自由にのみ任せてよかったのか、という点にあります。グローバルな不均衡を放置したまま資本移動の自由化を進め、世界経済の統合を急げば、これまで述べてきたような問題が起きるのは当然のことです。今、世界中で、自由化とグローバル化の見直しが始まっていますが、それも当然の流れでしょう。

それに比して日本ではどうでしょうか。これほどの大きな危機が起きているにもかかわらず、いまだにグローバル化の未来について楽観する声が大きいように思います。グローバル化は歴史の大きな流れであり、一時の混乱が収まればまたもとの軌道に戻るものと考えられているのです。グローバル化は必然的なものだという「固定観念」が根強くあります。

しかし、グローバル化は決して一直線に拡大していくプロセスではありませんし、歴史の揺るがざる必然というわけでもありません。歴史を振り返れば明らかなように、グローバル化は歴史上、何度も起きては崩れてきました。

危機後の世界が、もとの自由化・グローバル化の方向に順調に戻るとは思えません。今、起きている一連の危機は、過去のグローバル経済でも起きていた現象なのです。そのことを確認するために、次章では一〇〇年前のグローバル化――歴史家のいう「第一次グローバル化」について振り返ってみることにしましょう。

第二章　グローバル化は平和と繁栄をもたらすのか？

▼第一次グローバル化のさなか世界大戦が始まった

「ロンドンの住民は、ベッドで朝の紅茶をすすりながら、電話で全世界のさまざまな産物を、彼が適当と思う量だけ注文することができた。同じように、彼は自分の富を、世界の天然資源や新事業への投資に好きなように振り向けることができたし、少しも心を煩わせることなく、その果実や利益の分け前にあずかることができた」(『平和の経済的帰結』[*1])

この文章が書かれたのは一九一九年のこと。数年前のロンドン市民の生活を振り返って、描いたものです。「電話」を「インターネット」に置き換えれば、グローバルなネットワークの発達した二一世紀のことを表現しているのかと錯覚してしまいそうですが、これは第一次グローバル化時代の日常のひとこまなのです。

作者は二〇世紀を代表する経済学者の一人、ジョン・メイナード・ケインズです。この文章のあとに現代にも通じる重要なポイントが続きます。

「そしてなによりも重要なことは、彼がこのような事態を正常で確実で、いっそうの改善に向かうものとみなし、それからの乖離《かいり》はすべて、常軌を逸したけしからぬもの、そして回避可能なものとみなしていたということだ」

ロンドン市民の誰もが、グローバル化のもたらした平和と繁栄が「正常で確実なもので、いっそうの改善に向かう」と信じていたというのです。それにもかかわらず、現実には一九一四年七月、ヨーロッパは戦争へと突入しました。第一次世界大戦です。つまりこの戦争は、グローバル化が進展するまっただなかで起きた事件だったのです。一九一九年というヒントからお気づきの読者も多いかもしれませんが、ケインズがこの文章を書いたのは終戦処理のパリ講和会議の直後でした。

この章で私が強調したいのは、第一次グローバル化が、第一次世界大戦、第二次世界大戦という二度の大戦争によって終わったという事実です。国境を越えた商品や資本の移動が盛んに行われ、世界経済の統合が今と同じように進んでいたにもかかわらず、結局、第一次グローバル化は国家間の、過去に類例を見ない、熾烈《しれつ》な大戦争によって終わってしまったのです。[*2]

このことは、現在のグローバル化、つまり第二次グローバル化の行きつく先を考えるうえで、きわめて示唆的です。過去と現在がまったく同じパターンを繰り返すわけではありませんが、少なくとも次のことはいえるでしょう。グローバル化は決して一直線に進むわけではなく、その過程で国家の対立をむしろ高めてしまう傾向にあるということ。グローバル化は世界を自動的に繁栄と平和に導くとは限らないということ。一〇〇年前にケインズが直観したのは、グローバル経済のそのような危うい性質でした。

▼グローバル化は永遠に続かない

第一章で見たように、現在進行中の世界経済危機は、一般に考えられているよりずっと危険な状況にあります。現在の世界経済危機は、その巨大なバブルの発生という点で、戦前の大恐慌に匹敵するほどのインパクトをもつ事件なのです。そのことを踏まえたうえで、この章では、二番目の壁を突き破っていきましょう。

この章で確認したいのは、戦前の大恐慌もまた、当時のグローバル化という文脈で起きた事件だったということです。一九世紀の後半から世界の貿易や投資が拡大し、その規模は、これまで我々が推定していたよりもはるかに大きいものであったことが、歴史学の世界で標準的な見解となりつつあります。戦前世界の一連の出来事——帝国主義、大恐慌、ブロック化による世界経済の分断——は現在と酷似した状況のもとで起きていたのです。

しばしば見落とされがちなことですが、戦前の大恐慌もアメリカで始まったバブルの崩壊が、ヨーロッパに飛び火することで一段と深刻になりました。一九二〇年代のヨーロッパには、バブルで好景気にわくアメリカから大量の投資が集まっていましたが、一九二九年の株価暴落でアメリカの資金が急速に引きあげていき、欧州全体が激しい資金不足におちいりました。そして、一九三一年のオーストリアのクレジット・アンシュタルト銀行の倒産を皮切りに、欧州では大手金融機関の連鎖倒産が起こり、それが世界恐慌に拍車をかけ、やがてナチス・ドイツの台頭を生んだのです。

この事実をどう解釈すべきでしょうか。日本では、グローバル化が失敗に終わる可能性について議論されることは、（私の目につく限り）ほとんどありません。それどころか、冷戦が終わり、世界経済がグローバルに統合されていることで、世界はいっそうの平和と繁栄に進んでいるというシナリオが、政府の政策でも企業の経営判断でも、無自覚に前提とされているように見えます。

確かに、目に見える大戦争の脅威は、ないかもしれません。世界各地で民族紛争や内戦が起きていることは、日々の報道を通じて伝わっていますし、エネルギーや原材料など天然資源をめぐる大国間の駆け引きが盛んに行われていることもよく知られていますが、大きな戦争が起きる可能性となれば、ほとんど笑い話で終わるレベルでしょう。今のグローバルに結びついた世界が、突然、崩壊や分解に向かうとは誰も考えていません。

しかし、歴史を振り返ると、こうしたシナリオが必ずしも笑い話ではすまなくなります。過去に現在とよく似た状況があり、それが悲劇的な結末を迎えた事実は、何度も確認されてしかるべきなのです。

▼モノ・カネ・ヒトが活発に動いた第一次グローバル化の時代

近年の歴史学では、今から一〇〇年前の世界でも、現代と同じようなグローバル化が実現していたとする説が、主流になりつつあります。貿易や資本移動の水準で見ても、移民

図3　GDPに占める商品輸出の割合（%）

（年）	イギリス	アメリカ	フランス	ドイツ	オーストラリア	ブラジル
1820	3.1	2.0	1.3	-	-	-
1870	12.2	2.5	4.9	9.5	7.1	12.2
1913	17.5	3.7	7.8	16.1	12.3	9.8
1929	13.3	3.6	8.6	12.8	11.2	6.9
1950	11.3	3.0	7.6	6.2	8.8	3.9
1973	14.0	4.9	15.2	23.8	11.0	2.5
1998	25.0	10.1	28.7	38.9	18.1	5.4
2008	29.5	13.0	26.9	48.1	19.7	13.7

Globalization in Historical Perspective, p.41 より作成
2008年については世界銀行のデータによる（サービス貿易を含む）

などの動きで見ても、一九世紀末から二〇世紀前半にかけての世界経済は、統計を見る限り、現在とよく似た動きをしていました。

図3に見るように、GDPに占める輸出の割合は、一八七〇年代から第一次世界大戦前夜の一九一三年にかけて、ほとんどの国で大きくなっています。現代とくらべれば、割合は小さいものの、ここにひとつのピークがあったといえます。この時代、西欧と南北アメリカ大陸がグローバル経済の主要な舞台でした（現在はその南米にアジアがとってかわっています）。

金本位制による為替の固定化もあって、貿易は急拡大していったのです。複数の国家に

図4　対GDP比で見た資本移動の割合 (%)

(年)	イギリス	アメリカ	フランス	ドイツ	日本	アルゼンチン
1870~1889	4.6	0.7	2.4	1.7	0.6	18.7
1890~1913	4.6	1.0	1.3	1.5	2.4	6.2
1919~1926	2.7	1.7	2.8	2.4	2.1	4.9
1927~1931	1.9	0.7	1.4	2.0	0.6	3.7
1932~1939	1.1	0.4	1.0	0.6	1.0	1.6
1947~1959	1.2	0.6	1.5	2.0	1.3	2.3
1960~1973	0.8	0.5	0.6	1.0	1.0	1.0
1974~1989	1.5	1.4	0.8	2.1	1.8	1.9
1989~1996	2.6	1.2	0.7	2.7	2.1	2.0

"Two Waves of Globalization", *NBER Working Paper*, No.6904 p.8 より作成
上記数字は経常収支の対GDP比を絶対値で示したもの

またがって生産や販売を行う企業、今日でいう多国籍企業も出現しました。[*3]

資本の移動については、国によっては現在よりも盛んだったといえます。図4にあるように、イギリス、フランス、日本などの主要国、そして南米のアルゼンチンでは、一九一四年以前のほうが一九九〇年代よりも高い水準だったことが分かります（そのため、この時代は第一次「金融」グローバル化と呼ばれることもあります）。戦前の日本が、インフラ整備や日露戦争などの資金を、ロンドン市場の起債でまかなっていたのは有名な話です。こうした国境を越えた資金の調達が、戦前には活発に行われていました。

図5　資本移動の概念図(19世紀末〜現代)

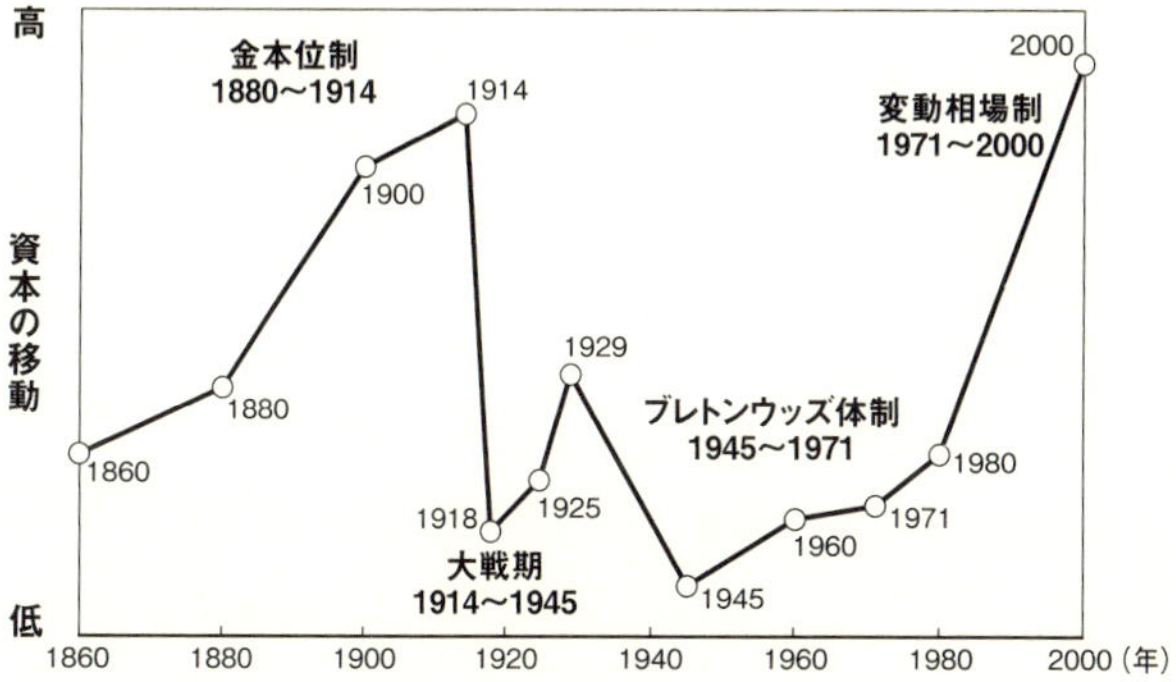

Globalization in Historical Perspective, p.127 より作成

経済学者のモーリス・オブズフェルドとアラン・M・テイラーは、戦前・戦後を通じた資本移動の水準変化を、図5のような、ふたつの山をもつ曲線グラフで表現しています。[*4] 世界全体として見てみれば、民間と政府による国際的な資本移動が二〇世紀初頭の水準に戻るのは、ごく最近のことなのです。こうした曲線は資本移動だけでなく、山の高さは異なるものの、貿易についても描くことができるでしょう。近代以降の歴史で、現代は二度目のグローバル化の波を体験しているのです。

さらに重要なのは、この時代もまた現代と同じようにバブルが起き、はじけると恐慌が世界的に連鎖するということが頻繁に起きていたという事実です。[*5] 最初はアメリカ大陸の鉄道などへの投資ブームというかたちで起き、次には第一次大戦後のヨーロッパへの復興投資というかたちでバブルは起きました。その行き着いた先が、一九三一年から本格化した世界恐慌だったわけです。

ほかにも移民は、現代よりも盛んに行われていたことが統計的に確認されています。とりわけヨーロッパから南北アメリカへ、大規模な移民が行われていました。[*6] これは現代の水準をはるかに上回るものです。

モノ・カネ・ヒトの移動が活発になるのがグローバル化の特徴ですが、第一次グローバル化と現在を比較すると、モノの移動は現在のほうが盛んなものの、カネについてはほとんど同等、移民については過去のほうが規模が大きかったというわけです。

▼新自由主義的思想はリバイバル

ここでもうひとつ強調しておくべきなのは、第一次グローバル化の進んでいた当時の時代の空気も、現代とよく似ていたという点です。第一次グローバル化を推し進めたのも、政府による経済介入を嫌う自由放任（レッセフェール）的な時代の空気でした。

一九世紀から二〇世紀初めにかけてのイギリスでは経済学が専門分野として確立されつつありました。なかでも支配的だったのは、自由貿易のメリットや、金本位制による国際収支の「自動調整メカニズム」を信奉する経済学でした。[*7] 現在の新自由主義者たちは、金本位制についてこそは否定的ですが、自由貿易のメリットや市場メカニズムへの信頼を当時の経済学から引き継いでいます。新自由主義は、まさにこの時代の思潮のリバイバルなのです。

▼「資本主義の平和」論

くわえて、グローバル化の進展は、世界をいっそう平和にする、という見方も根強くありました。これほど世界の経済が緊密に結びついているときに、国がわざわざ経済的損失の大きい、戦争という手段に訴えるとは考えられない、というわけです。

こうした考え方を、現代において盛んに唱えているのがニューヨークタイムズ紙のコラムニスト、トーマス・フリードマンです。フリードマンは、一九九九年に刊行した『レクサスとオリーブの木』という世界的ベストセラーのなかで、「マクドナルドのあるところに戦争はない」という仮説を発表しました。マクドナルドのような多国籍企業は、できる限り投資リスクを避けようとするため、戦争が起きる可能性のある地域に投資はしません。多国籍企業が増えている現状は、それだけ世界が平和になっていることの証拠だ、というのです。[*8]

フリードマンは、二〇〇五年刊行の『フラット化する世界』でも同じような主張を繰り返しています。パソコンで有名なデル社は、中国にも台湾にも投資を行っていますが、もし中国と台湾で戦争が始まれば、ただちに資本を引きあげてしまうでしょう。外国資本が大量に投資を行っている国同士は、外国資本に見放されるリスクを冒してまで、戦争をするとは思えない。冷戦以後のグローバル化は、明らかに古典的な戦争リスクを引き下げている。これが、フリードマンのいう「デルの紛争回避理論」です。[*9]

ここで指摘したいのは、世界経済の結びつきが強くなった結果、国家は簡単に戦争に訴えることはない、というフリードマンのような主張が第一次グローバル化の時代にも人気を博していたということです。

例えば、イギリスのジャーナリスト、ノーマン・エンジェルは一九一〇年に『大いなる幻想』を出版し、貿易や投資でこれほど結びついた世界では、戦争のコストは高くなりすぎていると主張し、平和の重要性を訴えました。この本は二五ヵ国で翻訳されるなど、当時、大変な評判を呼びました。エンジェルは後にノーベル平和賞を受賞したほどです。

こうした議論は今日、「資本主義の平和」と呼ばれます。二国間の貿易依存度が高くなればなるほど、戦争リスクは減少する、という仮説です。これはすでに一八世紀の啓蒙主義の時代に、モンテスキューやカントによって提唱されていました。

▼グローバル化の帰結としての世界大戦

しかし、彼らがいうようにグローバル化と資本主義は平和に貢献してきたでしょうか。貿易や投資で緊密に結びついている資本主義世界では、戦争リスクは少ないという仮説を安易に信奉することはできません。その仮説を裏切った事件こそ、第一次世界大戦だったからです。

第一次大戦の前、二〇世紀初頭のドイツの最大の輸出先はイギリスでした。イギリスにとっても、ドイツは二番目の貿易相手でした。それでも両国は戦争に突入したのです。これは、経済の相互依存が必ずしも平和をもたらすわけではないことの、重要な証拠となるべき事実です。ノーマン・エンジェルの本が刊行され、好評を博したわずか四年後に、ヨーロッパは未曾有の戦争に巻き込まれていったのです。

とくに重要なのは、当時の人々にとって第一次大戦が「想定外」だった、ということです。当時の金融市場の動向を分析した歴史家のニーアル・ファーガソンは、第一次大戦前夜に債券市場に大きな値動きがなかった事実を指摘しています。[*10] リスクに敏感な金融関係者は、少しでも将来のリスクがあると資産を売却します。戦争というリスクが「想定」されていれば、債券市場に大きな動きが出たはずです。しかし、第一次大戦前夜には大きな値動きはありませんでした。

つまり第一次世界大戦は、リスクに敏感な投資家にとっても「想定外」の事件だったということです。この章の冒頭の引用で、戦争が始まるまで世界の平和が「正常で確実なもので、いっそうの改善に向かう」と人々が信じて疑わなかったとケインズが書いているのは、決して誇張のない表現だったのです。

図6　第一次世界大戦前の英独仏のGDP

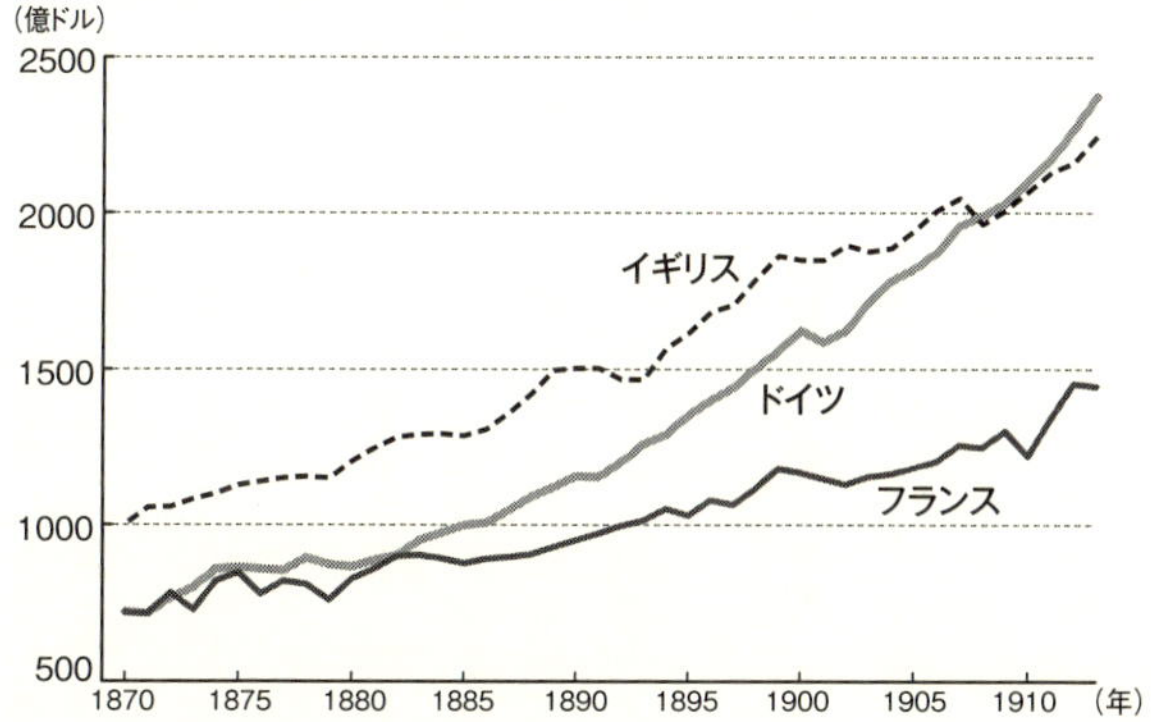

『経済統計で見る世界経済2000年史』より作成
単位は「1990年ドル」(各年の各国通貨を購買力平価と物価変動率とを用いて1990年の国際ドルに換算したもの)

▼グローバル化で不安定になった二〇世紀初頭の欧州

では、なぜ第一次大戦は勃発《ぼっぱつ》したのでしょうか。それについては無数の説があります。植民地の獲得競争や、ドイツの軍事的野心、イギリスの覇権衰退や、国内の階級対立など、歴史家の数だけ解釈が存在するといわれるほどですし、実際には、いくつもの要因が折り重なった結果の戦争だったといえるでしょう。

しかし、第一次グローバル化が、ヨーロッパ諸国間のパワーバランスを大きく変えた、という事実が非常に重要な要素であることには違いありません。

図6に示したように、二〇世紀初頭のドイ

ツのＧＤＰ成長率の高さは目を見張るものがあります。イギリスの優位性は失われ、ドイツの工業は輸出を中心に急激に盛んになりました。

経済力の変化は、軍事力の変化に直結します。普仏戦争以後の五〇年間、ヨーロッパ大陸内では大国間の戦争はほとんど見られませんでしたが、その間に、ヨーロッパのバランス・オブ・パワーは様変わりしていたのです。この急激なパワーバランスの変化が、植民地獲得をめぐる争いを激化させたのは間違いありません。イギリスの経済的・軍事的優位が失われたことが、潜在的に欧州情勢を不安定化させ、第一次大戦へとつながっていったとするこの説は、もっとも説得力があります。[*11]

▼「脱グローバル化」への急反転

また、第一次グローバル化の時代には、自由貿易に対する国内の不満も高まる一方でした。一九世紀末から、アメリカ、ドイツ、フランスでは関税の引き上げが強化されます。自由貿易の本家だったイギリスでも、ドイツの輸出攻勢への強い不満がありました。一八八七年の商品標示法では、ドイツ製品には「メイド・イン・ジャーマニー」を標記することが義務づけられました。そうすることでイギリスの消費者を、ドイツの安くて粗雑な製品から守ろうとしたわけです（現代のアメリカで、中国製品を用いていないことを標記する「チャイナ・フリー」運動が広がっているのとよく似ています）。これも保護主義の一種だといえます。グローバル化がもたらす経済社会の混乱への人々の不満や反発は、爆発を待つマグマのように蓄積されていたのです。

第一次大戦後には、各国間の貿易は再開され、金本位制への復帰が進むなど、戦前世界への回帰が模索されました。しかし、一度、傷ついた国際秩序は簡単に戻りません。一九二九年に始まる世界恐慌から、各国は保護主義やブロック化へと雪崩《なだれ》をうって突入しました。世界経済を統合するグローバル化の動きは、世界経済を分断する脱グローバル化（de-globalization）の動きへと急速に切り替わり、貿易をめぐる国家の「経済戦争」が激しくなりました。それが第二次世界大戦へとつながっていったのは、周知のところでしょう。

▼第二次グローバル化のゆくえは？

グローバル化の第一の波は、戦争によって終わりを告げました。では、今の我々を押し上げている第二の波は、どのような結末を迎えるのでしょうか。

まず考えなければならないのは、当時と現在との状況の違いです。第一次グローバル化の時代、予期せぬ経済の変動に対して、各国経済はあまりに脆弱でした。しかし現在では、先進国を中心に労働者を保護する制度や、銀行や預金者を保護するさまざまな制度が幾重にも張り巡らされています。経済の落ち込みに対する政府の積極的な介入も、戦後は普通に行われるようになりました。国民生活をバックアップする社会制度は、こと先進国に関する限り、過去のグローバル化の時代よりも現在のほうがはるかに充実しています。

くわえて、第一次グローバル化の時代は、金本位制という国際金融システムに問題があったといえます。金本位制のもとでは、貿易赤字になった国は、正貨の流出を防ぐために金融引き締めを行わなければなりません。こうした金本位制のシステムは、通貨価値を安定させ、貿易や投資を促進するという点では優れていましたが、（景気が良くなり輸入が増えて）貿易赤字になるたびにデフレ政策が取られるなど、国内の経済社会が安定しないという弱点がありました。

この「金の足枷《あしかせ》」が無くなった戦後は、国際収支の制約なしに財政・金融政策が行えるようになり、政府の裁量が大きくなりました。つまり戦前のグローバル化に比べて、現在のグローバル化のほうが、政府ははるかに自由度の高い経済政策が打てるのです。

以上の点を考えれば、過去よりも現在のほうが、ショックへの耐性が強いということができます。しかし、急激な経済混乱に対する福祉や政府のバックアップが充実しているのは、現在でも先進国に限られます。新興国は、経済の急激なショックに対して先進国よりもはるかに脆弱です。戦前も後発近代国だったドイツや日本が、こうしたショックを強く受けていました。現在も、グローバル経済の混乱による打撃を激しく受けるのは、国家の統治能力が弱い国々なのです。

▼金融緩和と通貨切り下げ

さらに、自由な金融政策は、意図せぬ副作用をもたらす点も指摘しておく必要があるでしょう。次章でくわしく見るように、金融緩和は、自国通貨安につながるため、輸出の拡大や輸入の制限をもたらします。世界経済の大半が好調で、不調な一国だけが金融緩和を行うのならば問題になりませんが、世界全体が不況にあえいでいる時期に、各国が金融緩和を通じて、通貨切り下げを行うと、通貨戦争ともいうべき競争状態に入り込みます。

事実、一九三〇年代に金本位制を離脱した各国が突入したのは、そうした「経済戦争」でした。金本位制がなければ、第一次グローバル化の悲劇を防げたという保証はないのです。

二度のグローバル化に共通しているのは、輸出を中心に成長する新興国が急激に台頭してくること、そしてひとたびショックが起きたときに大きな打撃を受けるのも新興国であるということです。世界経済はいつも、弱い鎖から切れていくものなのです。

アメリカで始まった現在の危機は、ヨーロッパに飛び火しました。それも経済力の弱いギリシャに火がついたわけです。これが別の地域、とくに輸出を伸ばして急成長してきたBRICs（ブラジル、ロシア、インド、中国）などの新興国へと波及したとき、危機の複雑さは一挙に深まっていきます。これから注意しなければならないのは、経済の枠を超えた事態だといえるでしょう。

▼高まる地政学的リスク

図7　軍事予算の推移（単位は100万ドル。2010年のレートによる）

	1990年	2010年	増減率
アメリカ	510,998	698,281	＋37%
ロシア	259,734	58,644	－77%
フランス	65,774	59,098	－10%
ドイツ	66,876	45,075	－33%
日本	49,421	54,641	＋11%
中国	17,943	121,064	＋575%
韓国	13,881	27,572	＋99%
インド	17,575	46,086	＋162%
イスラエル	11,219	14,242	＋27%
サウジアラビア	23,445	45,245	＋93%
イラン	2,415	※11,096	＋359%
シリア	1,107	2,346	＋112%

Stockholm International Peace Research Institute のデータをもとに作成
※イランのデータは2007年のもの

事実、地政学的なリスクはここ最近にわかに高まりつつあります。冷戦以後の世界では、新興国を中心に各国の軍事費が増加する傾向にあります。とりわけイランや中国といった国での軍事費の伸びが著しいといえます。図7に示すとおり、冷戦以後、軍事費が目に見えて減ったのはヨーロッパだけです。中東や東アジア、そして二〇〇〇年代に入ってからのアメリカでも、軍事費は上昇する傾向にあるのです。

とくに、急成長する中国の軍拡によって生じる東アジアのパワーバランスの変化は急速です。欧米の識者のなかには、二〇二〇年代までに東アジアで動乱が起きる可能性が高いと予言する者もあります。[*12]

もちろん、国際政治の観点から見ても、一〇〇年前とは事情が大きく異なります。当時、国際政治に大きな影響力をもったのはイギリスでしたが、イギリスは必ずしも突出した大国ではありませんでした。一九世紀末イギリスのGDPが世界経済全体に占める割合は九%程度にすぎません。これは現在のアメリカが二五%を占めているのと比べると大きな違いです。アメリカが自由貿易にコミットし、世界中に張り巡らされた軍事基地網を通じて現行の国際秩序を維持（もちろんアメリカの国益にかなう限りで、ですが）しようとする限り、今の国際秩序が劇的に崩れるという可能性は低いと考えるべきでしょう。また、核兵器の時代には、簡単に大国間戦争が起きるとは考えにくいものがあります。

しかし、二〇〇八年のリーマン・ショック以後、事態は急速に動いています。北アフリカや中東で起きている一連の暴動や国家崩壊は、後に続く新たな地政学的対立の序曲となるでしょう。今後、欧州危機が深刻化し、そのショックがアジアなど別の地域に波及していけば、危機はいっそう複雑になります。

そのとき、何が起きるのでしょうか。確かなのは、冷戦以後の二〇年間で続いた平和と繁栄が、次の二〇年間も続く保証はどこにもない、ということだけです。

▼ケインズの警告

この章の冒頭に掲げた文章に続けて、ケインズは次のようにもいっています。確かにこの時代、軍部や帝国主義の台頭など、後の大混乱を予感させるきな臭い動きが世界のいたる所で起きていた。しかし、それらは「日々の新聞の楽しみ以上のものではなく、実際上ほぼ完全に国際化した経済社会の通常のコースに、ほとんどまったく何も影響を及ぼさないものと思われていた」と。

これも現在の状況とよく似ています。中東や東アジア、中央アジアで、資源や市場をめぐる大国の角逐が始まっているにもかかわらず、それが世界の大勢を脅かすことはない、と暗黙のうちに誰もがやり過ごしています。

今のままグローバル化が進めば、かつてと同じような戦争が必ず起きるといいたいわけではありません。歴史は決して同じようには繰り返しません。この章で述べたさまざまな懸念は、あくまで過去という鏡に映る未来でしかありません。未来は、現在の意志によって変えることができるのです。

ただ、次のことはいえるでしょう。グローバル化した世界は、世界経済を不安定にさせる要素を多分に含んでいること。それどころか地政学的対立と結びついて、平和を脅かす要素さえ含んでいること。過去のグローバル化から引き出す教訓は、そのようなものでなければならないでしょう。歴史を学ぶということは、同じ過ちを繰り返さないために必要なのです。

第三章　経済戦争のはてに

▼「通貨戦争」勃発

「通貨戦争」という強烈な言葉が、二〇一〇年九月、世界を駆けめぐりました。発言の主は経済成長の著しいブラジルの財務大臣、ギド・マンテガです。

「我々は世界通貨戦争のまっただなかにいる。各国の通貨切り下げが、ブラジルの競争力を奪おうとしている。これはわが国にとってまさに脅威だ」[*1]

これに続く一一月のソウルでのG20首脳会議でも、財務大臣は「アメリカの量的緩和政策は、中国の為替操作と同様に不公正な手法だ」とアメリカを名指しで厳しく批判しました。[*2] リーマン・ショック後のアメリカの量的緩和は、金融危機を救うと同時に、ドル安に拍車をかける効果をもたらしました。その影響をもろに受けたのが欧米への輸出で経済成長をしてきたブラジルなどの新興国です。

ドルが下落し、自国通貨が相対的に強くなってしまうと、成長の牽引役《けんいん》である輸出産業は大打撃を受けます。さらに不都合なことに、金融緩和で余剰気味となった短期的な資本が、アメリカから流入してくるため、インフレにも拍車がかかり、国内の社会不安も高まってしまいます。

これは、事実上の近隣窮乏化策ではないのか。つまり他国の経済を犠牲にしてでも、自国を生き延びさせようという、まさに「経済戦争」ではないか。ブラジルの財務大臣が、通貨安「競争」ではなく通貨の「戦争」という強い言葉を使った背景には、このような事情があるのです。

▼第二次世界大戦の序曲となった通貨戦争

こうした状況は、一九三〇年代に本格化したといわれる「第一次通貨戦争」の様相とよく似ています。一九二九年の大恐慌によって急激な需要の落ち込みを体験した各国は、相次いで金本位制を離脱し、通貨切り下げ競争に走りました。自国の通貨安によって、少しでも輸出を伸ばし、景気浮揚をはかろうとしたのです。リーマン・ショックによる経済打撃から回復をはかろうとして、通貨安による輸出拡大路線に各国が突き進んでいる今の状況とほとんど同じです。不況になると、国内市場が急激に冷え込みますから、通貨切り下げによって輸出を増やすという誘惑は、過去も現在も変わらず、存在するのです。

世界経済全体が順調なときには、仮にある一国が不況になっても他国が好況であれば、その力を借りて景気を浮上させることができるのですが、しかし世界が同時に不況に突入すると、すべての国が輸出攻勢に出るので、とたんに国家同士の軋轢《あつれき》が高まります。一九三〇年代はまさにそうした「経済戦争」の時代でした。

そして、他国の輸出攻勢から自国を守るために、各国は関税引き上げなどの輸入制限を行い、いわゆるブロック化の動きを進めたのです。このブロック化でもっとも打撃を受けたのが、有力な海外市場や植民地をもたない日本やドイツだったのはいうまでもありません。つまり、第一次グローバル化の帰結として、世界恐慌が起こり、市場の奪い合いをする手段として通貨戦争が激化し、国家間の対立を深刻化させてしまった。このときの通貨戦争は、本物の戦争の序曲になったのです。

▼ケインズ以前の世界に回帰している

海外市場の奪い合いから激化していく経済戦争を抑止するには、各国が内需の拡大をはかるしかありません。一九三六年に刊行された『雇用、利子および貨幣の一般理論』のなかでケインズが、世界恐慌から回復するためには政府が財政出動によって内需拡大をはかるべきだと述べたのは有名な話ですが、このとき、彼の念頭にあったのは、まさに、二〇世紀初頭に進行していた「経済戦争」の状況でした。[*3]

この著作の後半でケインズは、政府による適切な需要管理が、海外市場をめぐる国家の剝《む》き出しの争いを防ぐためにも重要だと説いています。世界的な不況が持続すると、輸出や海外投資によって外国の需要を取り込む動きが、各国の対立を激しくします。当時は、それが帝国主義の動きと結びついていました。国家間の対立を避けるためにも、各国が主体的に内需を拡大するしかない、と考えたのです。

私は、この考え方は、今日もなお、真理だと思います。世界的な恐慌の拡大を防ぐには、各国が内需を拡大させる以外に方法はありません。

しかし、途上国でも先進国でも、政府主導の内需拡大が簡単にはできない事情を抱えています。とくに欧州では、ユーロの信認問題が発生しているため、ドイツなどは各国に財政規律の遵守を強く要請しています。債務危機に苦しむ南欧では、追加融資を受ける見返りに緊縮財政を余儀なくされています。アメリカでも議会の反対などで、これ以上の財政政策はとりにくくなっています。日本では、野田政権が消費税増税に舵《かじ》を切りました。中国はインフレ懸念もあって、簡単に大規模な財政出動をとれません。

こうした状況で、雇用を増やすには、輸出を拡大するのがもっとも近道です。世界はふたたび海外市場をめぐって熾烈な国家間の競争を繰り返していたケインズ以前の世界に戻ろうとしているのです。

▼深まる先進国と新興国の対立

このまま、一九三〇年代の通貨戦争のような熾烈な歴史が繰り返されるかどうか、まだ分かりません。しかしここでは、あくまでリスク・シナリオを考えたいと思います。

現代の通貨戦争を考える際に、とりわけ注目すべきは、欧米諸国と新興国の対立です。金利を引き下げて、通貨安に導く政策は、欧米諸国にとって一石二鳥の好都合なものです。デフレ懸念の強い欧米諸国にとって、金利引き下げは今、まさにとるべき金融政策ですし、貿易の面でいえば、通貨安は輸出を有利にし、輸入を抑えることで短期の雇用改善が期待できるためです。事実、例えば一〇%の通貨切り下げは、輸入品に対する一〇%の関税、そして輸出品に対する一〇%の補助金と同じ効果をもちます。先進国からすれば、この状態を変更する理由はありません。インフレ懸念が本格化しない限り、今の低金利・通貨安を断続的に続けるのが得策です。

逆に、先進国による通貨切り下げ政策のしわ寄せを受けるのが、先進国への輸出主導で成長してきた新興国です。これらの国は、引き続く経済成長でインフレ圧力に直面しています。通貨高は、長期的にはインフレ圧力を抑制しますが、短期的には輸出産業に打撃を与えます。

また短期的な投機資金の流入によってバブルが助長され、先進諸国が金融引き締めに転じたときに、マネーの逆流による急激な通貨の下落やバブルの崩壊を招くおそれがあります。先進国の金融政策によって世界のマネーの流れが大きく変わるため、その動きに新興国は振り回されてしまうのです。

▼米中経済摩擦

こうした対立で、今後注目すべきはやはりアメリカと中国の関係でしょう。アメリカ議会は、中国が不当に元安を誘導してアメリカに輸出攻勢をかけているとして、オバマ政権に対抗措置をとるよう、盛んに圧力をかけています。通貨安競争は、デフレを回避し輸出を伸ばしたいアメリカと、インフレを回避し輸出を維持したい中国の間の摩擦を激しくしているのです。

他方、中国から見れば、急激な元高は避けなければなりません。内需拡大といわれても、まだ国内の消費市場が小さい中国では、急に内需は増やせません。二〇〇八年のリーマン・ショック時に行った大型の財政出動は、国内の過剰投資に拍車をかけるのみならず、インフレを加速させるなど、大きな副作用をもたらしました。すでにかなり進んでいる不動産バブルもあり、これ以上、政府主導の内需拡大はできないというのが実情でしょう。したがって長期的にはともかく、短期では元高をゆるやかに抑え、輸出産業の競争力を上げていくという方法をとらざるをえないのです。

▼問題の根源はグローバル・インバランス

このような通貨をめぐる先進国と新興国との対立をさらに深く見てみれば、一九九〇年代後半から急激に進んだ、グローバル・インバランス、つまり世界的な経常収支不均衡の問題に突き当たります。

イギリスの前首相のゴードン・ブラウンがニューズウィーク誌に寄稿して、今後、ＥＵとアメリカが低成長から脱却するには、アジアのマーケットに買ってもらうしか我々の成長の道はない、と述べています。[*4] これまで欧米はアジアからモノを買うことで、アジアの成長を支えてきた。今度は逆の番だ、というわけです。アジアの貯蓄過剰と経常収支黒字が結びついているとすれば、その原因はアジアの内需が少ないことにあります。これを改善し、今のインバランスを是正する――とりわけアジアが内需を増やして世界経済のリバランスをはかるべきだ、という主張です。

図8は、二〇〇〇年代の貿易の流れですが、アメリカの輸入超過が際立っています。アメリカが一方的に経常収支の赤字を拡大させるグローバルな不均衡がアメリカの住宅バブ

図8　主要国と地域の貿易収支

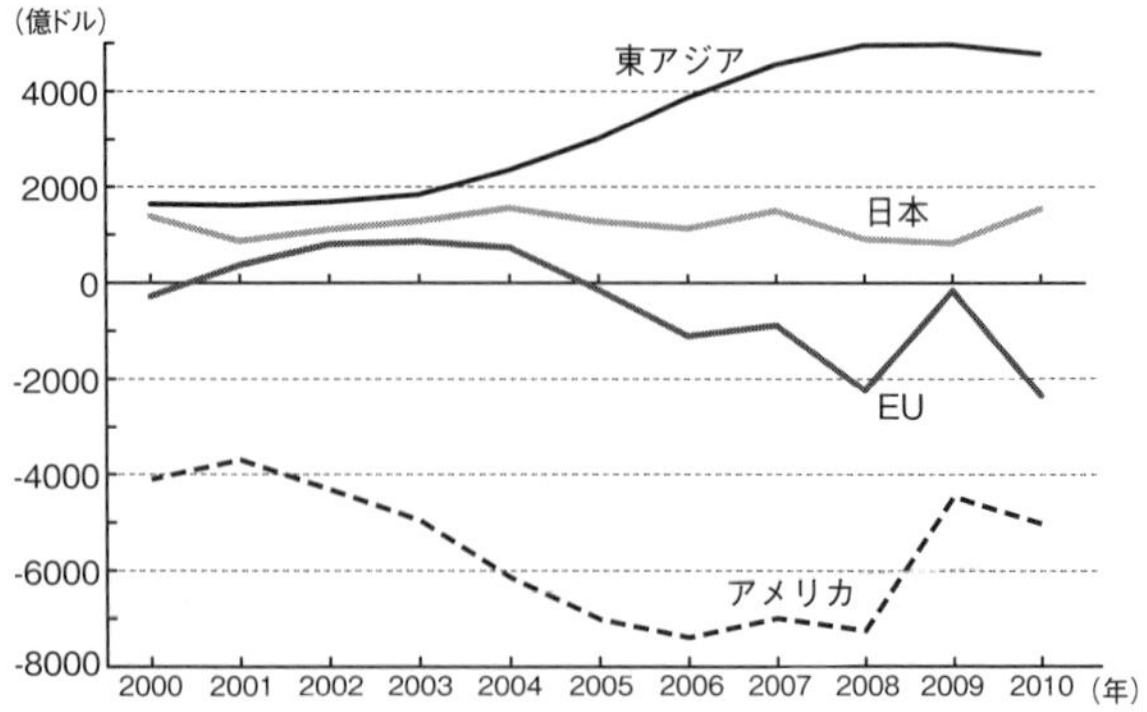

JETRO・貿易統計データベースより作成

ル、ひいてはリーマン・ショックの一因となったことを考えれば、その是正は不可欠です。また、EUも二〇〇五年から入超が続いています。世界経済のリバランスが必要、という観点で見れば、「今のドル安、ユーロ安は是認されてしかるべし」という欧米側の主張はもっともといえます。

▼ドル安で貿易不均衡は是正できない

しかし問題は、通貨安による輸出拡大が、どこまで世界経済のインバランスの是正につながるのか、という点です。とくにアメリカの場合、経常収支赤字は二〇年以上も続いています。貿易の主力となる耐久消費財などの主力製造業は競争力を失って久しく、仮にドル安が進んだとしても、それだけではアメリカの経常収支赤字は簡単に解消するとは思えません。

一九八〇年代の日米摩擦は、まさにそのことを端的に示しています。当時の日本は、エレクトロニクスや自動車を中心にアメリカへの輸出を拡大していました。これに怒ったアメリカの産業界は、日本の「集中豪雨的輸出」を止めるためにさまざまな手を打ちます。そのひとつが、日本への内需拡大要求です。日本の貿易黒字は、貯蓄過剰に問題があるとして、日本の内需拡大を要求しました。

もうひとつが、ドル高の是正でした。一九八五年のプラザ合意でドル安誘導が宣言され、日本は急激な円高に直面し、輸出産業を中心に日本経済は打撃を受けました。そして、この円高不況で内需拡大政策をとったことが、不動産を中心としたバブルに拍車をかけたのです。こうした経緯から、日本の「失われた一〇年」は、プラザ合意によって引き起こされたとする説が、今日も日本の実業界や政界で広く支持されています。[*5] 今の中国が直面している状況は、このときの日本とよく似ているといえます。

重要なのは、このときのドル安誘導は、アメリカの貿易収支を決して改善しなかったということです。すでに衰退しつつあったアメリカの製造業は、為替を少しドル安に誘導するくらいでは決して回復することはなかったのです。

▼通貨切り下げで、産業の空洞化は止められない

その理由はさまざまに挙げられますが、ひとつは製造業という産業が、技術や知識の地道な積み重ねによるという点です。製造業の優位性を支えるのは単なるコスト競争力だけでなく、設計や製造に関わる技術や知識、人材の組織的な蓄積や、それらを相互に利用できる地域ネットワークです。[*6]

いいかえると、あらゆる産業は、その土地の有形・無形のさまざまな資本によって支えられているのです。これはあらゆる産業——農業、サービス業など——についていえることですが、とりわけ製造業について当てはまります。

したがって、一度失った産業の競争力を取り戻すのは、簡単ではありません。最初は通貨高によって始まる製造業の競争力低下は、次の段階になると為替という要因以上に、生産能力そのものを失うというかたちで現れます。アメリカは一九七〇年代からエレクトロ

ニクスで、一九八〇年代からは自動車で、そのような傾向が現れ始めました。すでに二〇年以上も衰退の一途をたどっているアメリカの国内製造業は、簡単にかつての地位を取り戻すことができないのです。

これはアメリカだけのことではなく、今後の日本が真剣に考えるべき問題です。アメリカの事例に見られるように、いったん始まった産業空洞化、より正確にいえば「脱―製造業（de-industrialization）」の流れは、簡単に逆戻りさせることができないのです。

また、現代のグローバル化は、製造業の部品供給や組み立てを海外に委託する、いわゆるアウトソーシングの動きを加速させています。例えばアップルは、今や時価総額で世界最大の企業のひとつですが、その生産のほとんどをアジアの生産ネットワークに依存しています。アップルだけでなく九〇年代以降のアメリカはＩＴ分野など、さまざまな新産業を生み出しましたが、それらは国内で生産して輸出されるのではなく、最初から海外へのアウトソーシングを前提として事業展開されているのです。

こうしたアウトソーシングは為替が安いというだけで起きている現象ではなく、アジア各国の製造業の優位を利用した、効率的なサプライチェーンの構築という経営判断から生まれているものです。ほかにも、デジタル化した現代では、家電や自動車が次第にコモディティ化（汎用品化）している点も無視できないでしょう。製品設計の段階でモジュール化が進み、組み立て部品の点数が少なくなっているため、新興国の技術や生産が先進国に追いつくスピードは、アナログの時代に比べて、デジタルの時代になると飛躍的に上がるのです。

このように為替がドル安に振れればアメリカ国内に工場が戻るというには、現実は進みすぎているのです。中国の人件費の上昇や元高によって、これからアメリカ国内に工場が部分的に回帰する可能性はありますが、経営の合理性を考えると、そうする企業はそれほど多くはないでしょう。それよりも、中国よりもさらに生産コストの安い途上国に生産をシフトさせるほうが合理的です。資本が次々に移動するグローバル化の時代には、いったん外に出た生産拠点が本国に戻るのは簡単ではないのです（それを戻すには、かなり明確な保護主義政策が必要でしょう）。

したがって、アメリカの経常収支赤字を前提とした、今のグローバル・インバランスは、多少是正されることはあっても、基本的には続くと見るべきでしょう。現在のグローバル化を続ける限り、アメリカは債務国としての地位にとどまり続けると考えるのが自然です。

この苦しい状況のなかで、ドルの地位をいかに守るかが今後、アメリカの国益の軸となっていくはずです。アメリカとしては無理に経常収支をリバランスさせるより、経常収支赤字でも海外からの資金が集まる、リーマン・ショック以前の経済に戻るほうが、ドルの価値を防衛するという点でも、また国内の事情から見てもはるかに楽なシナリオなのです。

▼覇権国不在という不幸

世界経済危機によって生じた「通貨戦争」は、不況が長期化する限り、なかなか出口が見えません。小休止しても、危機が深刻化すれば、ふたたび始まるといったかたちで、今後も、断続的に続くでしょう。

いうまでもなく、このシナリオは危険です。それは一方で、国家間の対立や軋轢を大きくします。世界経済が拡大しているときには、各国の輸出拡大は問題がないどころか、むしろ望ましいといえます。しかし、世界経済が停滞または縮小しているときに各国が輸出拡大に走ると、とたんに国家同士の対立を激化させてしまうのです。

第四章でくわしく見るとおり、第二次世界大戦後まもなく構築されたブレトンウッズ体制は、戦前の通貨切り下げ競争や、それに引き続くブロック化という第一次グローバル化の失敗の反省のもとにつくられました。その後、一九七〇年代までの三〇年間は欧米日などの主要国で内需拡大が進み、社会制度の充実が見られたことで、「資本主義の黄金時代」とも呼ばれる時代を体験しました。

しかし今回は、同じような解決策をとるのは難しいでしょう。現代の経済危機は、欧米の国力が、相対的に見て低下しつつある現実のなかで起きている事態だからです。

第二次大戦後は、アメリカの力の優位のもとでブレトンウッズ体制が樹立され、ドルを基軸とした国際経済秩序の回復がはかられました。しかし現在では、アメリカにそれだけの指導力はありません。一九四〇年代には世界最大の債権国だったアメリカも、今では世界最大の債務国に転落しています。そして、かつてのアメリカの役割を果たす国も見当たりません。

グローバル経済は、国家間の不均衡を抱えながら、今後とも不安定な危うい状態が続くでしょう。今起きている通貨戦争は、そのような大きな歴史のもとで、捉《とら》え直す必要があるのです。

▼パクス・アメリカーナの終焉《しゅうえん》?

冷戦終結以後、「アメリカによる平和（パクス・アメリカーナ）」の到来が盛んにいわれました。ソ連が崩壊したあと、唯一の超大国になったアメリカが、欧州や日本との協調を維持しながら国際秩序の維持に積極的な役割を果たすことで、平和が実現されるという考え方です。

しかし、事態はそれほど単純には進んでいません。アメリカによるアフガニスタン・イラク戦争が失敗に終わりつつあることからも明らかなように、アメリカは必ずしも自国に有利な世界を構築できていないからです。

リーマン・ショックは、ただでさえ目減りしたアメリカの威信をさらに傷つけてしまいました。その結果、イランの核開発や、ロシアとグルジアの戦争、東シナ海・南シナ海の海洋権益をめぐる中国と周辺国の争いなど、きな臭い事件も多発しています。「アメリカによる平和」は、今や世界のあちこちで挑戦を受けつつあるのです。

国際政治のこうした動きは、経済の動きにも重大な影響を与えるでしょう。台湾海峡で軍事的な動きがあれば、東アジアの生産ネットワークが大きく混乱するのは間違いありません。中東の産油国で戦争が起きれば、オイル・ショックの再来となるでしょう。

仮に戦争が起きなくても、起きるかもしれないという見込みが立つだけで、商品市場や為替市場など、世界の金融市場が大きく攪乱《かくらん》されます。リーマン・ショック後の経済の混乱は、こうした地政学的リスクによっても増幅されているのです。

▼外れたフランシス・フクヤマの予想

振り返ってみれば、「アメリカによる平和」の到来という見方に思想的な裏付けを与えたものに、フランシス・フクヤマの『歴史の終わり』がありました。[*7]

フクヤマは、人類の「歴史」が普遍的な政治体制を求める戦いの連続だったとしたうえで、その終着点が民主主義――フクヤマの言葉では「リベラル・デモクラシー（自由・民主主義）」だといいます。フランス革命によって産声を上げた民主主義は、全体主義やファシズム、共産主義といったライバルを押しのけて、人類の普遍的な政治体制であることを証明した。そして今後は、民主主義が世界に拡大していく方向で進むだろうというのがフクヤマの予見です。

今は独裁制をしいている途上国も、経済発展が進めば民主化が進む。そして民主主義が拡がった「歴史」後の世界では、人々の闘争心（他人への「優越願望」）はもっぱら経済や趣味の世界で発揮されるようになるので、戦争という手段には簡単に訴えなくなる。だから世界はいっそうの平和へと向かうはずであるというのです。

この考え方は、冷戦後の世界が進む道を示したものとして大変な評判を呼びました。しかしそれから二〇年がたって、フクヤマの予想が当たったかというと、そうは思えません。

確かに途上国の経済発展は進みました。九〇年代以降、新興国の経済成長率は、世界平均を上回って伸びています。石油や資源価格の高騰に引っ張られて、ロシアは体制崩壊後の混乱から回復しました。中国は、先進国の技術を誘致し、それに自国の安い労働力を結びつけることで、輸出中心に急成長しています。これらの国は、冷戦後のグローバル化の流れをうまく利用して成長へとつなげたのです。

しかし、これらの国が着実に民主化へと向かっているかといえば、誰もが首をかしげるでしょう。ロシアはプーチンの登場以後、独裁色を強めています。中国は資本主義に転換しましたが、共産党による一党支配は頑《かたく》なに守り続けています。

また新興国の経済発展が、平和を確実なものとしているとも思えません。この間の経緯を振り返ると、事態はむしろ逆だという見方もできるでしょう。ロシアや中国に代表される新興国の台頭で、世界の軍事的なバランスは次第に変化しています。グルジア戦争や、東シナ海・南シナ海での領土紛争は、こうした動きのほんの一端というべきでしょう。

これらの国は「アメリカによる平和」に素直に従いません。ロシアはソ連崩壊で失った勢力圏を取り戻そうとしていますし、中国も海軍力を増強して、東アジアの秩序変更勢力として振る舞っています。グローバル化によって世界中の国が資本主義になり、経済発展が進んでも古くからある地政学的対立はなくなりません。最近の事態の推移を見る限り、対立はむしろ促進されているともいえるのです。

▼政府指導の「国家」資本主義

二〇一〇年、イアン・ブレマーというアメリカの政治学者が、『自由市場の終焉――国家資本主義とどう闘うか』という本を出版して、急激な経済発展をしている中国やロシア、湾岸首長国を中心とした新興資本主義の在り方について、かなり的確な分析を行っていました。*8

ブレマーは、ロシアや中国に見られる経済モデルを、政府指導の資本主義を意味する「国家資本主義」と呼んだうえで、これが欧米の「自由市場資本主義」とは違う原理で動いていると説明しています。

かつては欧米の多国籍企業が国家という枠組みを超えてグローバルに世界市場を左右していくという見方が趨勢《すうせい》を占めていたが、近年はその傾向が明らかに変わってきた。つまり、新興国の政府保有企業、あるいは政府のコントロール下にある企業が世界経済のなかで台頭しつつあり、経済の市場動向ばかりでなく、政治的要素にも大きく影響し始めている。そして、こうした政府主導の国家資本主義が、近年、従来の日米欧を中心とした自由資本主義を脅かしているというのが、ブレマーの分析です。

では、国家資本主義が台頭して自由資本主義を脅かすとはいったいどういうことなのか。

それを検証するには、まず国家資本主義と自由資本主義の定義の違いを明らかにする必要があります。

ロシアや中国など旧社会主義国は、資本主義に転換しましたが、政府はいぜん民間企業へのコントロールを手放していません。国家の基幹産業は国営か、政府が株式の過半を所有しています。これは昔の共産主義とは違いますが、欧米型の資本主義とも異なります。すべてを市場にゆだねるのではなく、国家戦略上、重要な部分については政府がコントロールを握り、経済全体ににらみをきかせているのです。

ロシアでは、一度は民営化された天然ガスや石油など天然資源の権益を、政府がふたたび手中に収めています。そしてこれらの輸出から上がってくる収益を国家財政に組み入れることで、軍事力の再強化を行っています。資本主義を、あくまで政治目的のもとで運用しているのです。

中国はすこし事情が違いますが、政治目的に資本主義を利用している点では同じです。中国の目的は、共産党の一党支配を維持することだと見てよいでしょう。そのためには経済成長をひたすら続けなければなりません。経済成長によって雇用が生み出される限り、体制への不満を抑えることができるからです。そのために選んだ方法が、沿海部の製造業企業を中心に輸出を促進して、ありあまる労働力を吸収することでした。そうやって雇用を生み続けることが、共産党支配の大事な生命線なのです。

また、産業に必要な原油、天然ガスなどの天然資源を長期的に確保するために、三大石油会社に代表されるエネルギー企業を政府が積極的にバックアップして、海外権益をおさえています。輸出で稼いだ外貨の一部は、SWF（ソブリン・ウェルス・ファンド＝政府系ファンド）を通じて、国家戦略を追求する資金――コスタリカの台湾承認を取り消すのに三億ドルを融資するなど――に利用しています。海外の農地や水資源、戦略的に重要な土地の購入など、政府の意向に沿った中国資本による買収は、今後も進むでしょう。こうした海外権益の確保も、政治目的のひとつといえます。

中国やロシアが採用している経済モデルを、「国家資本主義」と捉えるブレマーの見方には一定の説得力があります。

▼「開発独裁」モデルとは異なる国家資本主義

かつて韓国やシンガポールでも、政府が主導して経済発展を行う「開発独裁」と呼ばれたモデルがありました。韓国やシンガポールの場合には、発展段階が進むにつれて、民主化も進みました。

しかし中国がその道を進むという保証はありません。国内に多数の民族を抱える帝国型の国家に、西欧型の民主主義が望ましいかどうか、未知数だからです。中国が今後も、共産党の一党支配を維持するという目的を維持し続けるなら、中間層の育成にそれほど力を入れるとは思えません。それよりも、為替や人件費の高騰を抑えつつ、輸出を拡大し続けるという従来の戦略を、可能な限り、続けようとするでしょう。そして、輸出で得られる外貨を軍事・外交上のカードとして使うほうを選ぶはずです。

近年あからさまになってきた中国の周辺国への強硬姿勢は、国防上の不安と表裏一体です。国境線の長い中国が、周辺国の干渉を受けない程度まで——そして周辺国ににらみをきかせる程度まで軍事力を増強するには、まだ時間がかかります。事実、中国の国防費は、リーマン・ショック後も年平均一〇％ペースで伸びています。この神経過敏とも思える中国の国防意識は、過去、陸からも海からも侵略された歴史に由来するものでしょう。こうした事情を考えれば、かつての開発独裁国のように、経済発展に従って中国も体制を変えるとは簡単には想像できないのです。

▼現代版の重商主義

こうした政府主導のロシアや中国の体制は、かつて西欧諸国が採用していた重商主義によく似ています。一七世紀から一八世紀にかけて、西欧ではオランダ、イギリス、フランスなどの間で、海外貿易の利権をめぐって戦国時代ともいえる争いが続いていました。重商主義は、この時代を特徴づける経済体制です。王や貴族が外国貿易の商人と結託し、彼らに特権を与えて独占を認める代わりに、その分け前の一部を手にする、というのがその特徴でした。

イギリスでは、東インド会社やハドソン湾会社など、そうした国家の後押しを受けた貿易企業が、アジアや北米の資源・市場の確保を目指しました。それは同時に、国家の軍事的な目的とも結びついていました。王や貴族は、貿易から上がる収益を、戦争や外交の軍資金として利用したのです。

重商主義は貿易黒字の拡大を狙った経済体制でした。そこで得られる外貨を、国家の軍事目的や、王侯貴族の支配（寡頭制）維持にあてたのです。その構図は、現代の「国家資本主義」とよく似ているといえるでしょう。「国家資本主義」も、貿易黒字による外貨の獲得を、支配階級の維持や軍事的な目的に利用する体制といえるからです。

▼国民を幸福にしない重商主義――アダム・スミスからの批判

ところが、重商主義には大きな問題がありました。それを最初に指摘したのが、経済学の出発点ともいわれるアダム・スミスの『国富論』です。[*9]

スミスの重商主義批判のポイントは、重商主義は国民全体の幸せにならない、ということでした。国家が貿易商人に与える特権は、本来であれば国内の農業や工業へと向かう資本の配分を歪《ゆが》めてしまいます。だからスミスは、一部の商人だけが儲《もう》かるような仕組みではなく、国内分業を進めて、国民全体がそれぞれ繁栄を分かち合うような仕組みに変えよう、と主張したのです。

スミスはその手段を、貿易を含めた経済全体の自由化に求めました。そのことから、今日では新自由主義の元祖とみなされることもあります。

しかし、スミスが自由化を提唱したのは、あくまで国内分業を進めて、富を国民に広く行き渡らせるためでした。自由化は、そのための手段として位置づけられていたのです。[*10]

国民全体の経済基盤が強化されれば、税収も増え、民政や軍事につかえるお金も増えます。

国民に富を分散することが、国民の統合につながり、ひいては強い国家をつくることにつながるというのがスミスの考えでした。スミスの著作のタイトル（原題は『諸国民の富の性質と原因の研究』）に「国民」という言葉がつけられているのには、そうした背景があるのです。

▼政府の関与を強めるアメリカ

こうして重商主義について深く考えてみると、ブレマーのいうほど、アメリカ型の自由資本主義とロシア、中国をはじめとする国家資本主義に違いがあるのか、疑問に思えてきます。よく見れば、自由資本主義と国家資本主義の「違い」は、それほど明確ではありません。

確かに自由市場主義圏では、一党独裁もなければ、あからさまに海外に軍事拡張していくという宣言を公表する国もありません。しかしながら、リーマン・ショック以降、はっきりとした傾向として、アメリカをはじめ、自由市場主義圏でも政府のコントロールは強まっています。とりわけ、経済に関して、どの国も政府が前面に立って管理するという傾向が強まっているように見えます。

アメリカが、「大きすぎてつぶせない」とバンク・オブ・アメリカなどの金融機関や、GM、AIGなどの企業を全面的に救済したのはその好例です。エネルギー戦略でも、中国が石油資源の確保を軍事力を盾に強引に進めているといいますが、アメリカもまた、中南米や西アフリカなどの豊富な資源を確保すべく、同様の権益拡大をはかっています。石油などの戦略物資は、どの国でも国家の生存に関わりますから、何を差し置いても確保に走ろうとするわけです。

また、通貨についても、中国がドルの覇権に挑んできた場合には、必ずそれを防衛しようとするはずです。ドルの基軸通貨としての地位、つまりドルを自由に発行できる地位をアメリカが絶対手放すはずはありません。

▼資本主義はすべて本質的に国家資本主義

国家は単なる経済的な存在ではなく、他の国家に対抗して国益を守ろうとする政治的・軍事的な存在でもあります。そう考えれば、自由資本主義とはいえ、一皮剝けば国家資本主義的な側面をかなりもっているのです。

くわえて、グローバル化は文字どおり、グローバルに活動する企業や投資家をいかに優遇していくかに、各国の関心が集まります。国内での貧富の格差の拡大に目をつぶりながらの優遇策は、まさに重商主義的な傾向といえるでしょう。

今の政府は国民の「一％」の所得上位層のために存在している、という不満が出てくるのには、こうした背景があります。経済成長を実現するために、国民に相当の無理を強いているというのが実情です。今、資本主義国が突入しつつあるのは、国民なき国家資本主義なのです。

▼ショックに脆弱な新興国

こうした状況についてのアダム・スミスの二〇〇年以上前の批判は今も有効といえます。重商主義は、一部の商人に富を偏在させることで、国内に深い分裂をもたらします。同じことは、現在の「国家資本主義」についても当てはまるといえるでしょう。

現代の中国は、輸出企業が集中する沿海部に富が集中しています。富の偏在は、内部の対立を生み出します。内陸部を中心に、年に一〇万件を超える暴動やデモが起きているのは、よく知られているとおりです。政府と富裕層の癒着や、役人の汚職についても不満が高まっています。それに失業の増大が加われば、政府への批判はさらに大きなものになるでしょう。今後、世界経済の減速で輸出が打撃を受ければ、それは単なる経済問題では終わりません。国家の土台が揺らぐ事態に発展しかねないのです。

同じことはロシアについてもいえます。石油や天然ガスの価格の下落は、政権基盤の弱体化に直結するからです。今後、世界不況が長期化していけば、ただでさえ激しさをましている国内の反政権運動を抑えられなくなるでしょう。

「国家資本主義」は、輸出による経済成長を前提とした体制です。世界銀行の統計によれば、GDPに占める輸出の割合は、中国もロシアも三〇%を超えています。こうした輸出中心の経済発展モデルは、グローバル経済が順調なときには、それに引っ張られてうまく行きますが、不調になるとたんに脆《もろ》さを露呈します。仮にアメリカやEUが今後、保護主義の色彩を強めれば、その打撃をもろに受けることになるでしょう。一九三〇年代に、米英のブロック経済化の打撃を受けたのがドイツや日本であったのと似た構図です。

▼国家の内部崩壊というシナリオ

現代でそれと同じことが繰り返された場合、どんな帰結をもたらすのか、確かなことは分かりませんが、第一次グローバル化は、結局のところ戦争へと行き着きました。現代においても戦争というシナリオは警戒してしすぎることはないでしょう。

しかし、それ以上に警戒すべきなのは、国家の内部崩壊というシナリオです。北アフリカや中東では、政権に不満をもつ若者の暴動が、政権を転覆するところまで発展しました。今、権威主義的な政治体制をとっている国の多くが恐れているのは、そのうねりが国内に波及してくることです。

グローバル化が進んだ今日では、ITメディアや人のネットワークを通じて海外の情報が入ってきます。また外国にいる反政府運動の活動家も、言論などを通じて盛んに干渉してきます。権威主義体制では、こうした言論に対して厳しい統制をしいているのは周知のとおりです。しかし、チュニジアやエジプトの暴動を見れば分かるとおり、こうした動きを封じ込めるのは並大抵ではありません。

また、旧共産主義の国では、社会主義時代をなつかしむ声が次第に拡がっています。これは資本主義を導入したことで、貧富の格差が広がったことへの反動と理解すべきでしょう。そして国民にそうした反発が高まる限り、それを利用しようとする政治家も出てきます。

例えば中国では二〇一二年三月、重慶《じゆうけい》市長の薄熙来《はくきらい》が失脚し、その地位を追われました。このとき温家宝《おんかほう》首相は全国人民代表大会後の会見で、「文革の歴史的悲劇を繰り返しかねない」と意味深長な発言を行いました。[*11] これは薄の「唱紅・打黒」（毛沢東の文革の精神に戻り、汚職を一掃する）運動を意識したものと報道されています。社会主義時代の賛美は、現在の資本主義体制に対する批判の裏返しです。こうした点からも、政府がいかに体制批判の拡大をおそれているかが推察できるのです。

▼先進国でも進む社会融解

しかし、「国家資本主義」が多くの問題を抱えているからといって、「自由市場資本主義」が盤石なわけではありません。欧米の資本主義も、程度は違っても、本質において似たような問題を抱えているといえるからです。

例えば、格差の拡大です。所得格差は、国による違いは見られるものの、一九八〇年代から先進国でも広がりを見せています。その原因についてはさまざまな説――ＩＴなどの高度技術、教育水準、人口動態の変化など――がありますが、グローバル化の影響も無視できないでしょう。とりわけ直接投資によって工場が海外に移転したことで、若年層を中心とした労働者の賃金が上がりにくくなっているのは間違いありません。グローバル化が進むと、先進国の労働者は途上国の労働者との競争によって、待遇や賃金に引き下げ圧力がかかるという「底辺への競争」という考え方にも、一定の説得力があります。

もちろんグローバル化によって商品が安く買えるようになるというメリットはあります。途上国から安い産品が流入するため、消費者としては得をする機会が多くなったのも事実です。しかし、消費者は労働者でもあります。九〇年代から低インフレが続く先進国では、モノが安くなるメリットを意識する機会より、雇用の劣化や賃金が上がらないことのほうに不満を覚える機会が多くなるのは間違いないでしょう。なぜなら消費よりも労働のほうが、一般的にいって生きることの充実に関わるものだからです。

また、租税システムの変更によって、高所得層の負担税率が引き下げられたことが、格差の拡大を助長している点も重要でしょう。とくにアメリカでは、一九八〇年代のレーガン改革以降、所得の上位一％を占める超高所得層の富の占有率が急激に上昇しています。富の偏りは、好況時よりも不況時のほうが強く意識されます。なぜ超富裕層に課税しないのか、という不満は、「一％対九九％」デモなどのかたちで現れ始めているのです。

グローバル経済のショックによる輸出への打撃は、先進国でも製造業の強いドイツや日本で深刻です。二〇〇八年のリーマン・ショックで、もっとも打撃を受けたのは、先進国では日本とドイツでした。製造業の強い両国は、二〇〇〇年代に入り輸出依存度が急激に上昇しています。その結果、輸出の落ち込みによるショックを受けやすくなっていたのです。

そのように考えると、「自由市場資本主義」を採用する先進国でも、格差拡大や富の偏在、またショックへの脆弱化は他人事ではないことが分かります。その現れ方は、国情の違いによってばらつきがありますが、各国とも「国家資本主義」と似たような問題を、大なり小なり抱え始めているのです。

▼不安定化する資本主義

これはグローバル化や自由化を進めたことの帰結といえます。先に見たとおり、アダム・スミスは自由化によって、農業、工業、商業と、国内の多様な産業に資本や労働者が分散していき、国内分業が盛んになると考えました。しかし、それはあくまで一八世紀、第一次グローバル化が始まるずっと前の話です。鉄道も蒸気船もなく、国境を越えた直接投資もない時代、つまり国内交易に比べて海外交易のコストがはるかに高い時代の話でした。

輸送や通信技術が格段に進歩した現代では、事情がまったく違います。一九世紀末の第一次グローバル化の時代から、海外交易の取引コストは低下し、国際分業が進むようになりました。[*12] 第二次グローバル化の現代も同じです。この状況で自由化を進めれば、先進国の資本は国内にはとどまりません。競争力をもたない国内の産業は姿を消していきます。生産性の低い産業は、他国製品の輸入によって淘汰《とうた》されていくからです。

これは時代の必然なのでしょうか。仮にそうだとしても、古くからある産業が衰退していくことに深い喪失感を覚える人は少なくありません。例えば先進国の場合、農業はどこも苦境に立たされています。農民にとって、農地を失うことは先祖伝来の土地を手放すことであり、地域共同体の人間関係を失うことであり、その土地の歴史と結びついた文化が壊れていくことでもあります。それは農民だけでなく、多くの国民にとっても深い喪失感をもたらします。

第一次グローバル化の時代も、農業の保護は各国で高い関心を呼びました。現代も同じです。例えば最近、日本でもＴＰＰ（環太平洋経済連携協定）をめぐって激しい論争がありましたが、もっとも強い反対を行ったのは農業関係者でした。これは、決しておかしなことではありません。市場の効率性という尺度から見れば明らかに非効率でも、国民の歴史や風土と深く結びついた農業は、簡単になくしてしまうわけにはいかないのです。

▼失業は「自己責任」か？

また、グローバル化が進むにつれて、各国経済がグローバル経済全体の動向に強く影響されるようになります。いくぶん極端にいえば、労働者の雇用も賃金も、世界経済のマクロ環境の変化によって振り回されるのです。

エコノミストのなかには、若者の就職難を「自己責任」として片付ける向きもあります。確かにそうした面はあるといえますが、必ずしも「自己責任」では片付けられない問題もあります。例えば、リーマン・ショックのあと、就職を希望する多くの若者が就職市場から閉め出されました。これを若者の「自己責任」と片付けることはできません。その少し前までは、同じような能力の持ち主でも、たまたま好景気だったために就職できていたからです。

こうした不満は、公正を求める人間本性と深く関係しています。正当な理由のある不平等、例えばまったく同じルールで争ったうえで勝ち負けがつくといった場合には、それほど大きな不満は生じません。しかし、不公平なルールで生じた勝ち負けには、簡単に納得できないものです。なぜ生まれた年次が少し違うだけで、自分たちの世代だけが厳しい目にあわなければならないのか。この厳しい就職難の時代に、そうした不満が若年層につのるのも無理はありません。

▼グローバル化は「大きな政府」に帰結する

ここで着目したいのは、グローバル化のもとで生活が不安定になった労働者の不満を抑えるために、政府の規模は大きくなる傾向にある、という研究です。政治学者のデイヴィッド・キャメロンは、先進国における政府規模の違いを比較研究したうえで、貿易依存度と政府支出の大きさが比例する、という興味深い結論を導きました。[*13]

同じ先進国でも、ヨーロッパは、日米に比べて「大きな政府」、つまり政府支出の規模が大きいということは、よく知られています。キャメロンの研究では、この差を、経済開放度の違いに求めています。域内貿易が盛んな欧州諸国では、ＧＤＰに占める輸出入の割合は、一九六〇年代から軒並み三割を超えています。つまりグローバル化の度合いが大きい国ほど、「大きな政府」となる傾向にある、という関係を見いだしたのです（キャメロンの研究は一九六〇年から七五年までの先進国を対象としたものですが、経済開放度と「大きな政府」の関係は、後続の研究でも確かめられています[*14]）。

これはグローバル化がもたらす格差や、急激な経済ショックによる失業への不公正感に対応する政治の動きと解釈できるでしょう。事実、人間にとって職業は、単に賃金を得るための手段という以上の意味をもっています。例えば職場の人間関係や、経験を積み上げていくことで得られる誇りや喜び、企業への忠誠など、人によってその意味はさまざまでしょう。グローバルに連結した経済の、マクロ環境の変化――例えば突然の経済ショック――によって突然、仕事を失うことは、生計手段を奪われるという以上の苦痛があるのです。

それが仕事への補償を求める声となって現れるのだとすると、グローバル化のもとで人々の不満を抑えるためには、政府規模の拡大は、ほとんど不可避となります。新自由主義者がいうように、グローバル化のもとで「小さな政府」にすることは、社会的不安や不満を大きくし、政治を不安定にする可能性が高いといえます。

▼格差が国を滅ぼす

こうした福祉のバックアップがまだ足りない新興国にとって、格差や富の集中がもたらす社会不満の増大は、今後とも脅威となり続けるでしょう。世界的な経済危機で成長が鈍化すれば、その脅威は増すことはあっても減ることはありません。

そして、その不満を利用して政権を奪おうとする国内の勢力は、今後も引きも切らずに出てくるに違いありません。これまで好景気の波にのって輸出を拡大し、順調な経済成長を続けてきたロシアや中国は、これから内紛のリスクに直面するのです。

しかし、それは新興国に限った問題ではありません。先進国でも、今後、同じような問題は必ず出てくるからです。国内の対立や民衆の不満をたきつけて人気を獲得するポピュリストが、これからも政治をゆさぶり続けるでしょう。第一次グローバル化の時代は、戦争によって幕を下ろしました。第二次グローバル化の未来は、そうした古典的な地政学的リスクにくわえて、国内の内紛というもうひとつのリスクにも直面しているのです。

▼目指すべきは国民資本主義

現在の世界は、アメリカの一方的な対外赤字を前提としたインバランスを是正するという流れのなかにあります。しかし、これまで見てきたように、これは一筋縄ではいかない問題です。通貨戦争は確実に国家間の対立（とりわけ欧米と新興国の対立）をつくり出します。需要の縮小を外需の取り込みによって補おうとする、過去の恐慌時に見られたパターンもこれから本格化してくるでしょう。国家資本主義も自由市場資本主義も、国力の維持や増進を最優先にするという点で、同じ土俵の上で争っているわけです。

世界経済の安定をはかるためには、各国が内需を増やし、グローバル・インバランスの是正を進めることは不可避です。そのためには、国内の消費や投資を増やす努力が必要ですし、各国が所得の格差を縮める努力をすることも不可欠となるでしょう。そうしなければ、国内対立から新たな紛争の火種を国内外につくらないとも限りません。グローバルなリバランスを目指すなら、各国とも国民経済の基盤をもっと強化する必要があるのです。

アダム・スミスが「諸国民の富」という理念で述べたのは、農業から工業、商業まで含めた国内の多様な産業を各国がもったうえで、お互いの足りないものを貿易しあうという世界経済のビジョンでした。これは、各国が得意分野に特化して、政府の後押しを受けて輸出を拡大していくという現代のグローバル経済とは明らかに異なっています。スミスが資本主義のあるべき姿として描いたのは、国民経済をベースとした「国民資本主義」なのです。

もちろん、今の自由化、グローバル化の路線では、「国民資本主義」は実現できません。貿易や投資を自由化すれば、グローバル市場全体で分業が進むので、各国の産業は得意分野にむしろ偏っていく傾向にあるためです。

しかし、本当にそれでいいのでしょうか。通貨切り下げによる輸出競争の果てに戦争へと至った戦前の歴史を繰り返さないためにも、あるいはリーマン・ショック前のグローバル・インバランスの時代に逆戻りしないためにも、アダム・スミスの言う「諸国民の富」――それぞれ内部に多様な産業を抱えた各国の、ゆるやかな共存という理念を深く問い直すべき時期にきているように思えてなりません。

第四章　行きすぎたグローバル化が連れてくる保護主義

▼自由貿易VS国内政治

前章では、グローバル化や自由化の果てに国家間の対立が深刻化した、という過去をほりさげていきました。そして、単に経済危機というにとどまらず、国内政治の危機を伴っているという点にまで踏み込んだところです。

主流派の経済学者は、自由貿易論を支持しています。自由貿易の推進によって市場競争が促進され、各国が経済的メリットを得られると考えるからです。幼稚産業保護や環境保護など、一部の例外を別にすれば、保護はできる限り少なくするほうがよい、というのが自由貿易論の主張です。

しかし、政治という視点から見れば、グローバル化が引き起こす国内の産業衰退や失業を放置することはできません。とりわけ国内のさまざまな利害を調整するのが議会政治の原則ですから、国内に存在するさまざまな利益団体の声をまったく無視して政治を進めることはできません。自由貿易によって被害を受ける者は、組合や団体を組織して政治への要望を強めるでしょう。議会政治はそうした国内の要望を無視できません。仮に数としては少数派でも、それを無視することは議会政治の原則に違反するからです。

かくして効率性を重視する市場経済の原理と、国民生活の安定や、異なる利害の調和を求める国内政治の原理には、つねに齟齬《そご》が存在することになります。

▼国内の民主政治とグローバル市場の緊張関係

このような自由貿易と国内政治の対立を、グローバル化と民主主義の対立と呼ぶ学者もいます。ハーバード大学の経済学者ダニ・ロドリックは近著『グローバリゼーション・パラドックス――民主主義と世界経済の未来』のなかで、この緊張関係をグローバル経済が抱える、もっとも重要な問題点だと述べたうえで、図9にあげたグローバル化、国家主権、民主政治の三つの要素のうち、論理的にふたつしか選択できない、といっています[*1]。

となると、選択の組み合わせは、次の三つしかありえません。

①「グローバル化」と「国家主権」を選択し、「民主政治」を犠牲にする
②「グローバル化」と「民主政治」を選択し、「国家主権」を犠牲にする

図9　世界経済の政治的トリレンマ

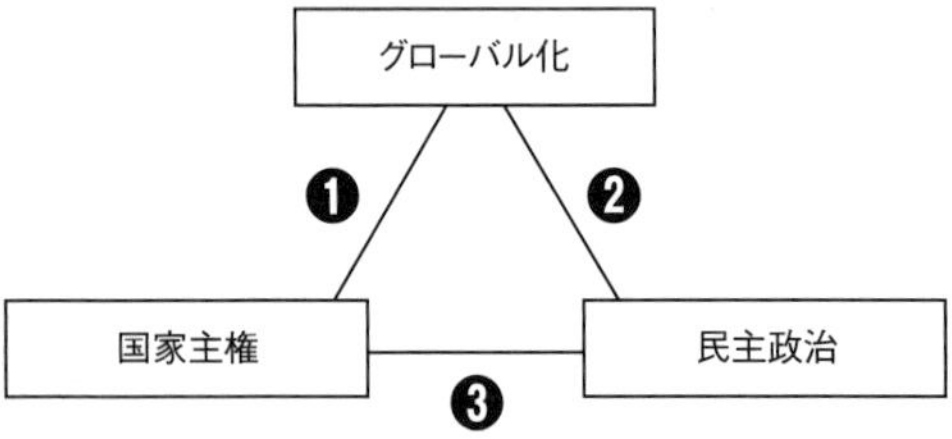

The Globalization Paradox: Democracy and the Future of the World より作成

③「国家主権」と「民主政治」を選択し、「グローバル化」を犠牲にする

この三つの路線のうち、いったい、どれが望ましい未来をもたらすものなのか、検討していきましょう。

▼グローバル化の三つの未来

①「グローバル化」と「国家主権」を選択し、「民主政治」を犠牲にする

これは、各国政府が今まで以上にグローバル市場の統合を進めていくという路線です。各国政府が、関税を引き下げ、国内の規制や保護を撤廃し、自由貿易を推し進めていくと

いうものです。すべての企業が国境を越えて活動できるようにすることが目的ですから、貿易や投資のルールを統一し、規制緩和を行い、会計制度や法制度の国際標準化を進めることも必要でしょう。また企業がすぐに国境を越えてしまうので、企業を引き止めておくには、法人税を低くすることなども求められます。

ロドリックは、今まで以上にグローバル化を進めることを「ハイパー・グローバリゼーション」と呼んでいますが、日本のエコノミストは、ほとんどこの路線で考えていますし、政治もその方向で進んできました。

しかし、これは当然ながら国内のさまざまな反発を呼び起こします。自由貿易によって不利益を被る農業団体などから、反発の声が上がるからです。待遇の改善を求める労働者の反発も大きくなるでしょう。そうした国民の不満の声を犠牲にしなければ、国家主権を維持したままでのグローバル化は成立しません。図9の三つの要素のうち、民主政治を犠牲にする、というのはそういった意味です。

これは、より正確にいえば、「議会制民主主義」を犠牲にする、というべきでしょう。議会には、国民のさまざまな代表者が集まります。とりわけ先進国では、農業の保護を訴える団体や、労働者の保護を訴える団体が、議会において一定の存在感をもちます。グローバル化を進めるには、こうした層の反対を抑える必要があります。すなわち、こうしたグローバル化路線が経済成長につながるのだと、議会を飛び越して有権者に直接訴え、支持を集める政治的リーダーの出現が不可欠なのです。

事実、一九八〇年代からの、いわゆる新自由主義改革は、サッチャーやレーガンなど、国民的人気の高い政治家のもとで進められました。二〇〇〇年代の小泉構造改革も、国民の高い支持率のもとで行われたのが記憶に新しいところです。彼らは、こうしたグローバル化や規制緩和こそが、経済を成長軌道に戻す唯一の方法だとマスメディアを通じて、有権者に直接、訴えました。

しかし、こうした路線は、経済が好調のときには支持されるかもしれませんが、不況になれば国民の不満は爆発し、維持不可能です。グローバル化は、一部の企業や投資家にとっては富を拡大するチャンスになりますが、大多数の労働者にとってはそうは実感されません。法人税は引き下げつつ、消費税は上げるという税制には不公平感を覚えますし、国内よりも海外市場に目を向ける経済界のあり方にも不信がつのります。

こうした不満は、高まることはあっても静まることはないでしょう。この路線で突き進んでいけば、国内政治が不安定なものになるのは間違いありません。

②「グローバル化」と「民主政治」を選択し、「国家主権」を犠牲にする

ふたつめは、グローバル化を推進し、市場を統合していくと同時に、政治の面でも世界レベルでの民主政治を実現していくという路線です。各国の財政を統合し、世界的な再分配の仕組みをつくり、いわば、世界全体を連邦国家にする、というものです。裏を返せば、図9の三つの要素のうち、国家主権をあきらめることを意味します。

例えばアメリカは、もともと州によって国家主権が分かれていたのを統合し、各州の代表を連邦議会に集めることで、統一ルールの策定や財政による再分配を進めました。それによって国内の市場統合は進んだわけですが、これと同じ連邦制を世界レベルでつくる、というのがこの路線です。

超国家的な政府をつくるというこの発想は、日本では左派に人気のある考え方です。国家という枠組みを超えた、普遍的な共同体が実現できれば、世界はいっそう平和になる。

ＥＵ統合が、実態以上に評価されたのも、あるいは東アジア共同体のような構想に期待が集まったのも、そのような考え方があったためです。

しかし、現在のユーロ圏がおちいっている困難を見れば分かるように、主権国家の原理は簡単に消えません。この一〇年間、ＥＵ統合が順調に見えたのは、世界経済全体が好調で、ユーロ圏にお金が流れ込んでいたためです。ひとたびバブルがはじけ、深刻な不況が到来すると、ＥＵという体制を維持しつづけるのは容易ではありません。ギリシャの救済を行うには、ドイツの経済力を背景にユーロ共同債を発行するなど、財政統合を視野に入れたＥＵ統合の深化が不可欠ですが、ドイツ国民の根強い反対もあって、なかなか前に進まないのが現状です。

さらにいえば、主権国家と結びついたナショナリズムは、いちど成立すると簡単には消えません。事実、国家の数は減る気配がありません。第二次世界大戦後には、五〇ほどだった独立国家の数は、現在では一九〇を超えています。今も、独立や主権回復を求めるナショナリズム運動は世界のいたる所で起きています。国家は増えることはあっても、減ることはない、というのが現状なのです。

ナショナリズムはいったん成立すると、言語や民族性と結びついて、人々の意識に深く定着していきます。どれだけ経済統合が進んでも、同胞意識の範囲は、あくまで国境線の内側にとどまるのです。[*2] ギリシャの救済に、なぜドイツの税金を使わなければならないのかという不満が出てくるのはそのためです。

歴史家のニーアル・ファーガソンは、EUをアメリカ型の連邦国家にする以外に、今のユーロ危機を乗り越える手立てはないと主張しています。[*3] 建国期のアメリカは、アレクサンダー・ハミルトンらが提唱する連邦主義の路線に進みました。ヨーロッパもそれと同じ道を進み、域内の南北格差を財政統合によって埋めていくしかない、という考え方です。

もちろん、これからそうした道に進む可能性はゼロではありません。しかし、その道は容易ではないでしょう。アメリカは英語ひとつで済みますが、EUレベルとなると二〇以上の言語が混在しています。「代表なくして課税なし」という民主主義の原則からすれば、財政統合にはEU議会の権限を大幅に強化することが不可欠ですが、ドイツのような大国もあればキプロスのような小国もあるEUで、議会のメンバーをどのように構成するかは必ず紛争の種となるでしょう。歩んできた歴史や文化、人口、経済力の違いを超えて政治統合を進めるのは、限りなく困難な道なのです。

EU以上に国による差が激しいアジアで、同じような試みができるとは到底思えません。ヨーロッパ以上に、アジアでは文化や宗教が混在しており、国による人口や経済力の差が歴然としています。東アジア共同体など、幻想でしかないのです。今回のユーロ危機は、良くも悪くも主権国家がいまだに乗り越え不可能なものであることを示しているといっていいでしょう。

③「国家主権」と「民主政治」を選択し、「グローバル化」を犠牲にする

第三の路線は、グローバル化に制限を加え、各国の主権を維持し、国家単位で政治や経済の運営を行い、問題解決をはかっていくという道です。それを実現するためには、今のように貿易や投資が制約のない自由化に向かう、グローバル化路線を修正しなければなりません。もちろん輸出入や投資はどの国でも必要ですが、国内政治の原理を優先するには、これに一定の制約やルールを設けることが、不可避になるのです。

第一の路線も第二の路線も簡単にはとれないとなると、グローバル化を制限するこの第

三の路線しかないとロドリックはいいます。そして、実際にあったこの路線のモデルとして、彼があげているのが、第二次大戦後のブレトンウッズ体制です。ブレトンウッズ体制の目的は、戦前の失敗を繰り返さないという点にありました。

一九世紀の金本位制と自由貿易は、各国の通貨発行量が金保有量に限定されているため、例えば貿易赤字になるとデフレ政策をとらなければならないなどのマイナス面をもっていたのです。いいかえれば、国際的な経常収支の均衡を達成するために、国内の安定を犠牲にする体制だったといえます。

他方、大恐慌以後の世界では、為替の切り下げによる輸出競争——第三章で見た経済戦争が勃発しました。これは、国内の雇用を最優先にして、国際的な経常収支の均衡を犠牲に黒字を獲得するというやり方です。

第一次グローバル化の、このふたつの失敗を踏まえたところに、ブレトンウッズ体制の目的がありました。経常収支の均衡と、国内の完全雇用——あるいは社会防衛のためのさまざまな福祉政策——の両方を達成すること。いわば対外的な安定と、国内の安定を両立させることが、ブレトンウッズの理念だったのです。

このブレトンウッズ会議で、国際通貨体制の具体的な制度設計については激しく争いあったアメリカ代表のハリー・デクスター・ホワイトとイギリス代表のケインズですが、こうした理念の面では両者は一致していました。とくにふたりが共通していたのは、国際的な資本移動を厳しく制限するべきだという考えです。第一次グローバル化の失敗は、短期の資本移動にあるというのが、彼らの一致した意見だったからです。

▼グローバリズムではなく国際主義を

ブレトンウッズの理念が、単純に世界市場を統合しようとするグローバリズムではないことはいうまでもありません。むしろ国家単位の経常収支ができる限りバランスできるような水準を維持しながら、世界貿易の全体量を上げていくというのが、ケインズなどが考えた「国際主義（インターナショナリズム）」でした。事実、このときに生まれたＧＡＴＴ体制では、貿易政策に対する各国の裁量がかなり認められています。

こうした体制のもとで、各国は自由な国内政策を追求することができました。こうした自由を、アメリカの政治学者ジョン・ラギーは「埋め込まれた自由主義」と呼んでいます。[*4]

事実、戦後には企業統治のあり方や、労働市場のあり方、税制や行政と企業の関係など、国によってさまざまな違いが生まれることになりました。日本型経営と呼ばれる経営慣行が生まれたのも、この時期です。国によって資本主義の多様性が生まれたのです。

また、第二次大戦後は、先進国がかつてない経済成長を体験した時期でもありました。国内の旺盛《おうせい》な需要を背景に、自動車や家電などの耐久消費財が売れ、それが労働賃金の上昇として現れる。フォーディズムとも呼ばれる国内の資本蓄積が進み、階層間の所得格差も縮む傾向にありました。こうしたことから、戦後からオイル・ショックまでの約三〇年間は、資本主義の「黄金時代」と呼ばれることもあります。

もちろん、こうした「黄金時代」は、単にブレトンウッズ体制によってのみ、実現できたわけではありません。くわえて、現実のブレトンウッズ体制は、アメリカの経常収支が悪化した一九六〇年代から次第に維持できないものになっていました。

それがニクソン・ショックに発展し、その後はアメリカが一方的に経常収支赤字をふくらませる、対外不均衡が構造化されていきます。その赤字をファイナンスするための金融自由化もなし崩し的に進みました。結局、ブレトンウッズ体制は、わずか三〇年という国際経済体制としてはきわめて短い期間しか持続できなかったのです。

　とはいえ、理念として見れば、私は第三の路線がもっとも望ましいように思います。主権国家は乗り越え不可能という現実が簡単には変わらない以上、第二の路線は理念的にも現実的にもほとんどとることができないと思います。第一の路線は、グローバルな企業の活動や、投資活動を積極的に推進するという方向ですが、これだと国民はグローバル競争の厳しい圧力につねに晒《さら》されます。政府には、財政赤字を削減する圧力がかかりますし、経済を市場友好的にするため制度改変もつねに行わなければなりません。これから不況が長期化すれば、国内の対立や混乱を激しくするのみならず、経済戦争の再燃が本格化してくる可能性があります。まさに第一次グローバル化と、同じ轍《てつ》を踏むことになるのです。

▼新ブレトンウッズは困難

　ロドリックを始め、多くの論者が、ブレトンウッズ体制の再評価を始めています。また、G20でも、フランスなどを中心に新ブレトンウッズに向けた協議を求める声が上がっています。

理念として見れば、私もこの第三の路線がもっとも望ましいと考えてはいるものの、しかしながら、現実には、この第三の路線を追求するには、多くの困難が伴うというべきでしょう。戦後のブレトンウッズ体制は、あくまで戦勝国アメリカの圧倒的な経済力や指導力を背景に設立されました。しかし現在は、そうした覇権的地位を担う国が見当たらないからです。

また、戦後ブレトンウッズ体制の主要構成メンバーは、欧米日など経済水準の比較的近い、ごく少数の西側先進国でした。しかし現在は、G20に見られるように、中国やブラジル、インドなど新興国もメンバーに入っています。経済の発展段階も政治体制も違うこうしたメンバーのなかで、各国が足並みをそろえて国際ルールを設定していくというのは、きわめて難しいのです。

そもそも、これほど貿易や資本移動が盛んに行われている段階で、それに一定の制限を加えるのは容易ではありません。ひとたび開いたパンドラの箱は、簡単には閉じることができないのです。

したがって、事態の推移を冷静に眺めれば、世界は今後しばらくは、第一の路線を進んでいくことになるように思います。グローバル化を進めつつ、その混乱によって生じる経済的打撃を埋め合わせるための失業対策や福祉政策を増やしていくことになるのではないでしょうか。しかし財政には限度がありますから、いつまでもこの路線を続けられる保証はありません。

そのときに何が起こるか。これが本書の結論のひとつです。この先、起こりうることとして、必ず念頭におかなければならないのが、グローバル化の反転です。保護主義が急激に台頭する可能性を意識しておかなければならないのです。

▼ポランニーの『大転換』

ここでも私たちは歴史から学ぶことができます。第一次グローバル化は、まさにそうした道を歩みました。貿易や投資の拡大を進めていった結果、次第に国内政治が不安定になり、最終的には大恐慌によって極端な保護主義、ブロック化に向かったのです。

なぜこのような劇的な転換が起きたのでしょうか。それを説明したものこそ、経済人類学者カール・ポランニーの『大転換』です。[*5]

その理由をポランニーは、グローバルに連動した市場経済が、もともとあった社会を著しく不安定にしたためだ、と説明しています。例えばヨーロッパの農民は、海外とりわけアメリカ大陸からの安い農産品の流入によって次々と仕事を失っていきました。また労働者は、グローバルに結びついた経済の変動によって、その地位を脅かされていました。好況のときには賃金も増え、待遇も改善されるのですが、ひとたび経済が不況に振れると、とたんに地位を失うという不安定な立場におかれていたのです。

▼社会の自己防衛

こうした「誰でも突然仕事を失うという惨めな状態に備えねばならず、市場の気紛れにまったく依存しなければならない」[*6]状態に、人間は耐えることができない、というのがポランニーの人間観です。人間は家族やコミュニティのなかで生きていますので、地位や賃金が不安定であることに、耐え難い苦痛を覚えるのです。

また農民にとって土地は、世代を超えて受け継がれたものであり、簡単に手放したくないものです。グローバル化のなかで次第に農業が衰退し、土地が転売されるという状況に強い違和感を覚えます。かりにそれが市場経済の原理だとしても、それによって昔ながらの生活を奪われる人々にとっては容易に承伏しがたいものなのです。

したがって、農民や労働者は、自分たちの生存を確保するべく、市場経済に対抗しようとします。それが労働組合や、農業団体など利益団体の組織化へとつながります。事実、一九世紀末からこうした団体は各地でさかんに結成され、政治に対する圧力を強めていきました。そして、行きすぎた生活の変化を抑えるべく、さまざまな法案や規制の設置が進むことになります。関税も同様です。一八七〇年代から、そうした関税の引き上げや農業保護、労働者の権利保護が各国で進みました。

こうした動きをポランニーは「社会の自己防衛」と呼び、市場経済化がほぼ必然的にこうした対抗運動をつくり出すと考えたのです。

また、マクロ経済管理に対する要望も出始めます。当時は金本位制だったために、国内で発行できる通貨量は、その国が保有する金の量に規制されていました。その規制を廃止し、各国の中央銀行が独自の裁量で信用管理を行うよう求める圧力もまた、社会の内部から生まれてきます。それが最終的に、金本位制を廃止する動き——第一次グローバル化を支えるもっとも重要な制度の廃止――へとつながっていくのです。

▼国家による市場の押さえ込み

こうした動きは、いいかえれば市場経済がもたらす不安定を、国家の力を用いて押さえ込もうとするもの、ということになります。市場経済に対抗するためには、最終的には国家の力を用いて規制や保護を強化するしかありません。そうすることで、家族や共同体と結びついた国民生活の安定を「市場の気紛れ」が脅かすのを防ごうとするのです。

このような動きの延長線上に、大恐慌後の保護主義やブロック化、またそのもとでのニューディールやファシズムの動きがある、というのがポランニーの分析でした。市場経済化によって生活の安定を失った人々の不安や不満は、一九世紀全体を通じて蓄積され、それが爆発したのが、この体制の「大転換」をもたらしたのです。

このポランニーの分析が興味深いのは、こうした「大転換」が、行きすぎた自由化やグローバル化の必然的帰結だったとしている点です。市場経済の原理からすれば、保護主義やブロック化、またそれと並行して進んだニューディールやファシズムによる国内規制の強化は、非合理以外のなにものでもありません。

しかし、それはあくまで市場の側から見た論理でしかありません。安定した人間関係や、それに基づく共同体を市場経済によって破壊された人々は、必ずその動きを押さえ込もうとします。一方で市場の原理、他方で社会（共同体）の原理という「二重の運動」という視点に立てば、市場経済は、それに対抗する運動をつくり出す、いいかえれば行きすぎた市場経済化は、かならず同じ大きさの対抗運動をつくり出すのです。第一次グローバル化がたどったのは、まさにそのような道でした。

▼自由化こそが強権的

このことは、第二次グローバル化のまっただなかにいる現在の世界についても当てはまるのでしょうか。保護主義が台頭し、やがてグローバル経済を破壊するというシナリオはありうるのでしょうか。

ここで重要なのは、ポランニーが一九世紀の市場経済を、あくまで人為的に構築されたもの、と捉えていた点です。自由市場は、自然発生的にはできません。例えば「労働市場」や「土地市場」は、人間や土地という、本来は市場交換になじまないものに値段をつける市場であるため、人々から強い抵抗にあいます。だから、どの社会・文化も必ず規制をもっている、むしろ、そちらのほうが自然発生的ともいえるのです。ポランニーの考えは、もともとあるこうした規制を強権的に撤廃することなしに、自由市場は出現しないということでした。

これは現在の私たちの状況を理解するうえで、非常に示唆的といえます。一九八〇年代から本格化した新自由主義は、まさにこうした規制を撤廃していく動きを伴っていました。戦後社会で形成された規制や保護を撤廃していくことで、自由化が進み、グローバル化が進んだのです。

したがって、ポランニーの視点からいえば、新自由主義的な市場原理に対する対抗運動がこれから始まる、ということになるでしょう。それが過去のようなパターン、つまりニューディールやファシズムをそのまま繰り返すかどうかは分かりません。ただし、不況の長期化で今後、国民の生活を守るべきとする要求は、日増しに激しくなってくるでしょう。民主主義体制で、そうした要求を無視することはできません。国家に対して「社会の自己防衛」を求める動きは今後、ますます強くなってくるのではないでしょうか。

▼保護主義の台頭

事実、保護主義への要求は、アメリカやヨーロッパなど先進国においてすら、きわめて強いものがあります。そしてその動きは、ロドリックのいう第一の路線――完全な自由貿易の実現を目指そうとすればするほど、反動として大きくなるのです。

リーマン・ショックの直後、世界的に金融が混乱していくなか、保護主義に対する懸念が高まりました。二〇〇八年一一月のG20金融サミットでは、「我々は金融が不確実な時期において、保護主義を拒否し内向きにならないことの決定的な重要性を強調する」と宣言され、各国が貿易障壁を新たに設けないようアピールしました。[*7]

しかし、現実には、先進国でも途上国でも、貿易障壁を引き上げる動きが強まりました。とくに新興国では、関税引き上げや輸入数量制限といった従来の手法に加え、輸入製品への規格適用の厳格化、輸入許可制度の導入など、ルールを強化して海外製品をブロックする動きも見られます。いずれも、海外製品の流入をブロックし、自国の産業や雇用を保護する目的で行われるものです。ほかにもアンチダンピング課税など、相手国の輸出の不当性を訴えて関税を引き上げるという方法も多用されています。

こうした保護主義措置によって影響を受けるメーカーもあります。例えばインドが鉄鋼輸入を制限したことで、日系メーカーの現地工場で部品が入手困難になるといったことが起きました。

アメリカに代表される先進国でも保護主義は行われています。政府調達の際に自国産品の購入を義務づける「バイ・ローカル」（その典型がアメリカの「バイ・アメリカン法」）や、経営危機におちいった企業への積極的な公的支援（アメリカ政府によるGMの救済）といった、国内産業に対する公的支援がその典型です。これらは輸入障壁を引き上げる「直接的な」保護主義とは違いますが、自国産業に優遇を与えることで輸入を抑える「間接的な」保護主義です。

▼巧妙になる保護主義

戦前の大恐慌後は、アメリカのスムート・ホーレー関税法や、イギリスのオタワ協定など、保護主義やブロック経済化の動きが見られました。これらは輸入関税を一律に引き上げるという分かりやすいかたちでした。

今はWTOルールがありますので、関税の引き上げという分かりやすい保護主義措置は簡単にはとれません。しかし、外国製品に対するルールの厳格化によって非関税障壁を引き上げるなど、巧妙な保護主義の動きはいぜんとして根強くあります。

FTA（自由貿易協定）やEPA（経済連携協定）といった二国間・地域間の経済協定はどうでしょうか。これは二国間・多国間で自由貿易を進めるという意味では協定締結国同士の自由化を意味しますが、それ以外の国を消極的に排除する傾向にあるという意味ではブロック化を意味するといえます。

このように現代の保護主義は、かつてのように見えやすい輸入ブロックではありませんが、他国からの輸入と競合する自国・自地域の企業や産業、そして雇用を保護するというかたちで現存します。リーマン・ショックや欧州危機による経済ショックや、その後も続くであろう景気の低迷で、各国がこうした保護主義をさまざまなかたちで行う可能性は高まっているのです。

▼経済の再国民化を

あらためて振り返ってみれば、一九三〇年代は完全な自由貿易をめざそうとした結果、その反動で保護主義が台頭した時代でした。大恐慌後の悲惨な状況を克服するために、保護主義やニューディール、あるいは統制経済などあらゆる手段が講じられたのです。これらが、当時の軍事的対立と結びついて、悲劇的な結末を迎えたのはいうまでもありません。

しかしいくぶん好意的な見方をすれば、これらは行きすぎたグローバル化を是正し、国民統合を新たに実現しようとする国民運動の産物だったということもできます。

最近の歴史研究が明らかにしているように、このとき各国で行われた規制強化や産業組織化が、戦後各国の経済発展の基礎となりました。アメリカのニューディールや日本の統制経済が、戦後の経済体制に直結したことはよく知られています。これらはほとんど手探りの試みでした。悪名高いナチスでさえ、その時期につくられた一連の制度が、戦後ドイツの発展を支えたという研究もあります。[*8]

もちろん戦前の経済統制を手放しで称賛するつもりもありませんし、戦争という結末を擁護もできません。ですが、この時期に始まった経済の再国民化とでもいうべき動きが、戦後のブレトンウッズ体制へとつながったという事実もまた無視できません。

これから始まるグローバリゼーションへのバックラッシュのなかで、いかにグローバル化路線を各国レベルで修正していくか。それが問われる歴史の局面が始まろうとしているのです。新たなブレトンウッズの可能性も、国内の経済統合を進めていく試行錯誤の運動の果てに、仄《ほの》かに示されるときがくるのではないでしょうか。

第五章　国家と資本主義、その不可分の関係

▼なぜ危機は繰り返されるのか

進行中の世界経済危機は、長期化することが予想されます。そうすると何が起こるのか、そのリスク・シナリオについて前章まで述べてきました。

ここであらためて考えてみたいのは、なぜこうした危機が繰り返されるのか、という点です。グローバル経済は、ほとんど一〇年周期で大きな危機を繰り返しています。振り返ると、一九八七年のブラックマンデー、一九九七年のアジア通貨危機、二〇〇七年のサブプライム危機と、七のつく年に大きな危機が起きていることが分かります。次の危機は二〇一七年に起きるといえば、あまりに非科学的ですが、しかしいずれにせよ、周期的に大きな危機が起きていることには間違いありません。

重要なのは、危機が起こるたびにその規模が大きくなっているという点です。グローバル化の影響でアメリカの住宅バブルは加速されました。

これは、一国レベルでの貯蓄と投資の整合性をはかっていたブレトンウッズ体制期には見られなかった現象です。金融が自由化されれば、資金は高いリターンを求めて動きます。

とくに現在のようなグローバルな不均衡がある場合、貯蓄過剰の国から貯蓄不足の国へ資金が移動していく傾向にあります。アメリカや南欧で巨大なバブルが発生した背景には、こうした構造的要因があったと考えるのが自然でしょう。

こうしたバブルとその崩壊が起こるたびに、資本主義の暴走がいわれます。間違ってはいませんが、資本主義はもともと不安定なシステムであることを考えると、これはいわずもがなのことです。

歴史を振り返っても、資本主義はバブルとその崩壊を繰り返してきました。資本主義の黎明期《れいめいき》、一七～一八世紀のヨーロッパでも、オランダのチューリップ・バブルやイギリスの南海泡沫事件など、歴史に残る巨大なバブルが発生しています。

資本主義は将来に対する人々の期待、というきわめて心理的な要因によって駆動されています。それが過剰にふくらんだり、そのあげくに過剰にしぼんだりというダイナミズムこそ、資本主義の大きな特徴というべきものです。その本質はこれからも変わらないでしょう。

しかし、それでも資本主義は今日まで生きながらえてきました。それはひとえに、資本主義を安定化させるための制度的な智恵が発達してきたからにほかなりません。この章では、資本主義についていくぶん原理的な考察を加えながら、この不安定な体制がなぜ生きのびてきたのかについて考えてみたいと思います。

▼資本主義とは何か

資本主義とは何か——この大問題に過去、何人もの経済学者や経済思想家が答えを探し求めてきました。とりわけ資本主義が本格化した一九世紀以後、そうした試みが盛んに行われるようになります。

その答えは、資本主義の何を問題と見るかによって違ってきます。一九世紀のカール・マルクスは、資本主義が貧富の差を激しくし、階級対立を引き起こすという点を問題視しました。二〇世紀初頭のマックス・ウェーバーのように、資本主義のもとでは、経済活動が金銭的な合理性によってしか評価されない点を問題視する向きもあります。

他方、問題は資本主義ではない、とする見方も根強くあります。資本主義は、人類が経験した、他のどんなシステムに比べても人間の自由を拡大し、経済を効率化（より少ない資源でたくさんの成果を生み出す、など）してきたのであり、問題はそれを不当に歪めようとする政治や社会制度のほうだ、という見方です。

その代表は二〇世紀後半のミルトン・フリードマンでしょう。フリードマンは資本主義を「経済活動の大半を民間の自由にゆだねる経済システム」としたうえで、民間の自由な経済活動を阻害する政府の政策や、市場の働きを歪めるような社会集団（利益団体など）の活動こそ、資本主義を破壊するものだと述べました。[*1]

もちろんフリードマンも政府の役割をまったく否定しているわけではありませんが、資本主義のパフォーマンスを最大にするには、市場の働きを損なう規制や政府介入を、できる限り取り払ったほうがいいと考えていたのは間違いありません。

それに対して、資本主義の問題をバブルとその崩壊に求める見方があります。その代表がケインズです。ケインズは、自身が投資家だったこともあり、市場の現実の動きに精通していました。ケインズの著作には、人々が群集心理に動かされてバブルに向かったり、その崩壊によって右往左往する市場の動向についての鋭い観察が見られます。

証券市場の現実を「美人コンテスト」にたとえた、『一般理論』（第一二章）の記述はあまりにも有名です。[*2] 今、一〇枚の写真を見て、そのなかから美人と思う人に投票し、一番に選ばれた人に投票した者が賞金を山分けできるというゲームがあるとします。このとき、人々は自分が美人と思う写真より、大多数の人が美人と考えそうな写真を予想して、それに投票しようとするでしょう。証券市場の本質もそれと同じ、というのがケインズの見立てです。

手っ取り早く儲けるためには、その企業の将来価値を吟味するよりも、人々の期待が集まりそうな銘柄を選んで投資したほうがいい。とりわけ大衆投資家はそのように行動します。ケインズはそれを非難しているわけではなく、むしろ仕方がないことだと考えていました。「人生は短い。人間の本性は性急な結果を欲している」[*3] というわけです。

問題は、こうしたバブルがふくらんだりはじけたりすることで、実体経済が大きく揺さぶられることにあります。ケインズはここに、資本主義の本質を見いだそうとしました。

▼不確実性を重視したケインズ

ケインズは、資本主義の原動力を投資に見ていました。投資とは、手元にある現金を手放して、将来の収益を獲得しようとする行動です。企業が設備投資を行うのは、それが生み出す将来の収益を期待してのことです。投資家が株や債券を買うのは、それが将来において生み出す配当や利子、あるいは値上がり益を期待してのことです。資本主義は、こうした投資によって支えられているシステムです。

ここで問題は、投資の収益がどのくらいになるかを、誰もはっきりとは知ることができないということです。未来に何が起きるか、誰も知ることができません。もちろん人間は損をしたくありませんから、事前にできるだけ情報を集め、投資対象が本当に収益を生むかどうかを吟味します。しかしそれでも、結果は蓋を開けてみなければ分かりません。例えば、次世代テレビが有機ＥＬになると判断して投資をしても、結局、モノにならないかもしれません。あるいは、一年後にもっと革命的な技術が出てくるかもしれません。将来何が起こるかは、事前には分からない。ケインズが注目したのは、こうした不確実性でした。

これはいいかえると、投資は半ば合理的、半ば不合理な人間心理によって決定されるということです。好景気がまだしばらく続くと思えば、投資は活発になるでしょう。ＩＴ関連株がまだ上がると思えば、上がるうちに儲けようと思って投資が活発になります。景気が悪く、将来どんな想定外の混乱が起こるか分からないときには投資がしぼみます。もうすこし景気がよくなるまで待とうと判断するかもしれません。投資は、究極的には人間の「血気（アニマル・スピリット）」によって動くとケインズはいっています。いいかえると、投資は、将来についての見通しや、自分の投資判断に対する信念、あるいはIT神話のような集団的な物語によって左右されるのです。

▼資本主義の本質は借金経済

ここで問題となるのは、大型の投資は外部からの借り入れを伴う、という点です。ここに金融が資本主義において果たす、重要な役割があります。資本主義が成立する以前、まだ金融制度が発達していない段階では、投資はもっぱら自己資金でやるか、高い利子を払って高利貸しなどから借りるしかありませんでした。金融制度が発達してはじめて、人々は外部から資金を集めることができるようになります。

イギリスの経済学者のジョン・ヒックスは『経済史の理論』で、近代の産業革命が軌道に乗った背景として、金融制度の発達によって低コストで外部資本の借り入れが可能になったことをあげています。[*4] 近代に入ると、設備投資は大型化していきます。例えば、石油化学コンビナートは、つくるのに二兆円かかるといわれていますが、これを自己資本でまかなえる者はいません。資本主義は外部からの借り入れなしには大きく発展できません。資本主義の本質は借金経済なのです。

これは投資に限らず、消費についても同じです。とくに住宅のような大きな買い物の場合、銀行から融資を受けて買うのが一般的ですし、自動車のような大型の耐久消費財も、ローンで買います。消費社会になると、こうした傾向が強まります。現代では企業も家計も、借金をして投資や消費をする。そしてこれが、経済を拡張していく原動力になるわけです。

同時に、ここに資本主義が不安定化する要因が潜んでいます。将来について期待がふくらむときには、無理な借り入れをしても今のうちに投資をしようと考えるからです。自由主義経済で、それを禁止することはできません。そしてその借金こそが、バブルを生む原因ともなるわけです。

▼ミンスキーの金融不安定性仮説

このように資本主義は、債務をテコに消費や投資を拡大していくシステムです。このケインズ的な資本主義観に基づいて、バブルの発生と崩壊を説明したものに、アメリカの経済学者ハイマン・ミンスキーの金融不安定性仮説があります。[*5]

金融機関は最初、担保価値を慎重に見極めて貸し出しをする。ところが景気がよくなると、しだいに貸し出しの基準がゆるんできます。景気が過熱してくれば、金融機関も競争のなかで利益を上げる必要がありますから、貸し出しをさらに拡張していきます。八〇年代の日本では、銀行が得意先を回って「カネを借りてくれ」と頼み込むという現象が見られましたが、バブルになるとそのような事態が横行するのです。

なかには、規制の目をかいくぐって貸し出しを増やそうとする悪徳業者も出てくる。これも八〇年代の日本や、二〇〇〇年代のアメリカで見られた現象です。バブルが始まると、高配当を謳《うた》って資金集めをする詐欺師が次々に出てきます。

しかし、過熱したバブルはいずれはじけます。そうすると民間の返済能力低下をおそれて金融機関は貸し出しを縮小し、貸ししぶりや貸しはがしを行うようになります。その結果、債務不履行が頻発するようになり、倒産する金融機関も続出して、景気が急激に悪化することになります。第一章でも述べた、「債務デフレ」が始まるからです。

バブルの発生と崩壊という、金融不安定性についてのミンスキーの説明はきわめて常識的なものです。しかし最近になるまで、ミンスキーはほとんど忘れられた存在でした。

その名前がクローズアップされるようになったのは、二〇〇八年のリーマン・ショックが起きてからのことで、最近では、バブルがはじける瞬間を「ミンスキー・モメント」と呼ぶ動きもあります。ともかく資本主義では、ほぼ不可避にバブルが起こり、それが巨大であればあるほど、被害が甚大になるというのが、ミンスキーが金融面に注目して見いだした、資本主義の根本的な不安定性です。

ミンスキーが強調したことで重要なのは、バブルの発生を事前に抑えるのは資本主義社会では簡単ではない、ということです。今がバブルかどうか、見極めが難しいという実務的な問題もありますが、それ以上に、徹底した規制を行うと、今度は健全な経営を行っている企業にお金が回らなくなってしまうという弊害も出てきます。債務の比率は、貸出先にどれくらい将来性があるかによって変わってきます。もっといえば、それは人々の期待に依存するといっていいでしょう。だから適正な債務比率がどれくらいであるかを、客観的に明らかにするのはきわめて難しいのです。ここに規制の難しさがあります。

また、貸し出しの規制を強めても、いざバブルが始まると、規制をすりぬけようとする動きが次々に出てきます。二〇〇〇年代のアメリカでも「影の銀行」を使って盛んに投機を行っていました。投機は人間本性の射幸心に深く根ざしているので、簡単に押さえ込むことはできません。バブルは、債務をテコに成長していく資本主義にとって、ほとんど避けがたい宿命のようなものと考えるべきでしょう。

▼なぜ戦後は恐慌が起きなかったのか

バブルは、返済能力を超えて債務がふくらむ状態です。それがはじけると、不良債権を抱えた銀行は倒産しますし、資金繰りの苦しくなった企業もバタバタ倒れていきます。巨大なバブルであればあるほど、その後の被害も大きくなる。そのもっとも極端な例が、戦前の大恐慌でした。

しかし戦後は、そうした大きな恐慌が起きていません。ミンスキーはその理由を「大きな政府」、つまり危機発生後、政府が積極的に救済処置をとるようになったためだ、と述べています。[*6] 危機が発生すると、民間は借金の返済を急いで新たな借り入れをしなくなります。このとき、政府が国債を発行して公共事業を行います。いわば、民間債務の減少を、政府債務の拡大によって補うわけです（ただしそれを行うと、危機脱出後には必ずインフレを伴うともいっています。これは歴史的に見て必ず起きている現象です）。

また戦後は、金融恐慌が現実味を帯びると、中央銀行が金融機関の救済を急ぐようになりました。これは中央銀行の「最後の貸し手」と呼ばれる役割です。そして現在では、この役割が次第に大きくなっています。リーマン・ショック後のＦＲＢは、金融機関の救済のために、ＣＰ（コマーシャル・ペーパー）や、サブプライム証券といったリスク性の高い資産も大量に買い入れています。もちろんこれは、中央銀行の財務健全性を揺るがせますので、長期的には通貨の信認に関わってきます。しかし、そのような危険を冒しても、恐慌を止めるほうが重要です。

こうした恐慌を防止する政府の活動が、今回の危機においてどこまで効果があるかは、まだ分かりません。しかし、資本主義を極端な崩壊から救うためには、こうした政府活動は不可欠であり、危機が大きくなるごとにその規模も大きくなるのは避けがたいことといえるでしょう。

▼資本主義はバブルで成長する

以上、ケインズやケインズ派の資本主義観を簡単に見てきました。ここから次のことがいえます。

第一に、資本主義の発展にとってバブルは避けて通れない、ということです。

資本主義は、債務をテコにして消費や投資を拡大していくシステムです。当然ながら、債務を大きくしていけば、その分、経済は拡大していきます。必然的にバブルは起きやすくなりますが、資本主義はその発展においてバブルを避けて通ることができません。資金の回りがよくなることで、新しい技術にもお金が流れるようになるからです。例えば、一九八〇年代の日本のバブルで、日本企業は研究開発を大幅に増やし、それが九〇年代以降の新商品（DVDやHDなど）につながったといわれています。一九九〇年代のアメリカのドットコムバブルは、多数のＩＴ企業を成長軌道に乗せました。

もちろんバブル期には、詐欺まがいの投資や、冷静に考えれば絶対に成功しない事業にもお金が集まり、その後の傷を深くします。しかし、お金の回りがよいときでないと、新しい事業がスタートできないというのも事実なのです。

徹底的に規制を厳しくすれば、バブルを起こさないようにすることもできるかもしれません。しかし、資本主義はフロンティアに向けた企業家の冒険的精神によって前進します。ケインズと同時代の経済学者Ｊ・Ａ・シュンペーターは、これをイノベーションと呼んでいます。[*7]もちろんイノベーションは、不況期に生まれることもありますが、歴史を振り返ると、お金の回りがよく、新しい商品やサービスを買い入れる側の財布のひもがゆるんでいるときに、大きく前進する傾向にあるといえるでしょう。資本主義の前進は、バブルという悪徳と背中合わせなのです。

もちろん、イノベーションは一概にすばらしいものとはいえません。九〇年代から二〇〇〇年代にかけて、アメリカでは金融の分野でイノベーションが進みました。証券化の技法を用いて、債権を細切れにして合成し、金融商品として販売する、といったものです。

金融リスクの分散という意味で望ましい金融商品もなかにはありますが、あやしいものもたくさん生まれました。サブプライム証券が世界中にばらまかれたことで、信用秩序が大混乱におちいったのは、よく知られているとおりです。イノベーションが必ずしもすばらしいものとはいえない、典型的な事例といえるでしょう。イノベーションによる「創造的破壊」は、時に経済を大きく混乱させてしまうのです。

▼資本主義の安定は、自然に実現しない

第二に、資本主義は、安定を実現するのが容易ではない、ということです。

資本主義は、消費や投資の拡大によって前進していくシステムですが、消費も投資も、未来についての人々の展望、期待に深く依存しています。未来の姿は刻々と変わります。バブルが起きるのも、それがはじけるのも、人々の心理が一定の状態にとどまらないからです。こうした不確実性こそ、資本主義というシステムの大きな特徴です。

ところが、この不確実性を経済学はうまく扱えません。一般に、経済学では、消費者と生産者によって成立する「市場経済」という仕組みを分析します。そして市場は、できる

限り自然に任せたほうが、財やサービスを必要なところにうまく配分する、と考えます。ある商品の価格が上がれば、生産者は生産を増やしたり、消費者は別の商品でそれを代替させようとしたりするでしょう。こうした価格メカニズムに基づく生産者と消費者の行動が、市場の動きをつくり出します。そして、できる限り市場に任せたほうが、財やサービスが社会的に見てもっとも無駄のない状態をつくり、効率的な生産や配分が可能になるはずだと経済学では考えるのです。

しかし、資本主義という視点に立つと、話は変わってきます。資本主義は、人々の将来見通しによって消費や投資が拡大したり、また縮小したりする仕組みだからです。銀行や企業は常に、不確実性に直面しています。将来の不確実性をまったく感じないほどに景気が過熱する場合もあれば、将来の不確実性があまりにも大きすぎて、投資や消費が急激に冷え込むことがあります。よく言えばダイナミック、悪く言えばきわめて不安定な動きこそ、資本主義というシステムのもっとも大きな特徴です。

資源配分の効率性を重視する「市場経済」という視点から見れば、経済はできる限り価格メカニズムの動きに任せておくほうが望ましい、ということになります。ここに政府の出る幕はほとんどありません。

▼安定性を担保しているのは国家

しかし、消費や投資の拡大や縮小のダイナミズムを重視する「資本主義」という視点から見れば、経済は放っておいたらまったく安定しません。バブルやその崩壊は必ず起きますし、今回の一連の危機のようにバブルが巨大であればあるほど、はじけたときの被害は経済社会全体を揺るがすほどに大きくなるのです。

したがって資本主義では、この変動をなるべく抑えることが必要になります。失敗を繰り返してきた過去の経験を踏まえて、政府の行動や、社会制度を発達させることが、資本主義を存続させるためには不可欠なのです。

これは、歴史を見るとき非常に重要な視点です。これまで資本主義が続いてきたのは、政府が何もしなかったからではなく、むしろ資本主義と積極的に結びついてきたからなのです。

ミンスキーがいうように、戦後、先進国ではバブルの後処理を政府が積極的に行うことで、恐慌の発生を防いできました。政府が資本主義を安定させる役割を積極的に果たすことで、資本主義の存続を助けてきたのです。

それだけではありません。政府による投資が、戦後の技術開発に与えた影響は大きいといえます。アメリカの歴史を見ても、一九四〇年代の軍事投資は、レーダーやコンピューターの開発に、六〇年代のアポロ計画は人工衛星や半導体の開発に大きく貢献しました。インターネットもまた、軍事投資の影響が大きいといわれています。政府による投資が、その後の民間の技術開発に発展した例は枚挙にいとまがありません。

近年、日本では政府による投資に無駄が多いという点がよく指摘されます。しかし、歴史を見る限り、民間では不可能な多額の政府投資が、民間投資の呼び水となったケースがあることを、忘れるべきではありません。

▼国債という発明

政府は、資本主義の発達にも大きく関わっています。先にも見たように、資本主義の発達には金融市場の整備が不可欠でした。それをもたらしたのは、近世ヨーロッパにおける国債の発明だという説があります。
一七世紀、重商主義戦争のまっただなかにあったオランダやイギリス、フランスなどの欧州各国では、いかに戦費調達を行うかが、戦争の帰趨を決めるもっとも重要な課題でした。そこで出てくるのが国債です。一七世紀末のイギリスでは、政府の国債を一手に引き受けるイングランド銀行を創設したことで、国債市場が次第に厚みを増していきました。
国債は、政府の租税を担保にした新たな金融商品でした。民間投資家は国債を自由に取引することで、資産運用の選択肢を増やすことができたのです。一般投資家、とりわけ国民による国債所有の増大は、国家の利害と国民の利害の結びつきを次第に強固なものにしていきます。[*8]国民が「債権者」となることで、政府に対する国民の発言力も増しました。国債市場の発達が、民主主義を促進する原動力となったとする研究もあります。[*9]
くわえて、国債市場の発達が、のちの産業革命につながりました。企業家への銀行融資が国債金利への金利の上乗せというかたちで容易になったからです。政府がもっとも信頼のおける借り手となることで国債金利がベンチマークとなり、金融市場における金利の設定が次第に可能になっていったのです。国債市場の成立は、信用市場の発展を促し、近代資本主義が離陸していくうえで大きなきっかけをつくったのです。

▼国家と資本主義は共に進化してきた

もちろん、これらは最初からそうなることを意図して行われたものではありません。政府が国債を発行したのは、戦費調達という必要に迫られたためであり、それがやがて信用市場の発展や、民主主義の促進につながるなど、当時の政府は夢にも考えていなかったでしょう。政府と市民社会は、租税や国債を通じて結びつきを強めてきました。つまり、国家は資本主義と共にその力を高めてきたのです。

これは、決して意図して設計されたものではなく、歴史における試行錯誤の結果として生まれたものなのです。

かつてフリードリッヒ・ハイエクは、社会は誰かが意図をもって設計した産物ではなく、手探りで試行錯誤してきたことの「意図せざる結果」だといいました。[*10] 政府の国債発行も、軍事投資も、結果的に資本主義の発展を助けたというにすぎません。

しかし、歴史を見る限り、国家と資本主義は、その発生や発展において深く結びついているのは間違いないところでしょう。先の見えないなかで、政府や民間が積極的に投資を行った、その結果が重なって今日の国家や資本主義システムがある、ということなのです。

資本主義の発展は、国家を強力にします。一八世紀のアダム・スミスは、資本主義の発展（スミスは資本主義という言葉を用いていませんが）は、公収入の増加にとって不可欠であると述べています。国防という国家にとって不可欠な営みや、公衆衛生、教育、福祉、インフラ整備といった民生に関わる部分にいたるまで、租税なしにありえません。

政府もまた外部資本を利用する存在です。租税を担保に国債を発行することで、外部から借り入れを行い、必要な事業を行います。例えば、明治の日本は鉄道やガス、電力などのインフラ整備、あるいは戦費調達のために外国から借り入れを行っていました。

その担保となったのが、租税や国家としての信用であったことはいうまでもありません。債務をテコにして、実体以上の資金を用いることで近代国家としての整備を進め、国家の独立を確保してきたわけです。こうした歴史を振り返れば、国家の発展と資本主義の発展は、たがいに分かちがたく結びついているといえるでしょう。

▼国家と資本が分離するときに起こること

このように国家と資本主義は互いに深く結びついて発展してきました。ところが現在、このふたつが切り離されつつあります。

一九八〇年代以降、先進国ではバブルが相次いで起きています。とくにグローバル化した九〇年代以降は、ひとたびバブルが始まると外国からの投資が急増するため、急なスピードでふくれあがるという傾向が強くなっています。

また、現在のグローバル化した世界では、自国で起きたわけではないバブルの崩壊の影響を、他の国も被ることになります。その衝撃を和らげるために、政府債務は増え続けています。今回の世界的な危機が長期化すれば、政府債務はますます増えていくでしょう。

その結果、次の局面で何が起きるのかが簡単には予想できないという事態になっていまず。ミンスキーもいうように、政府債務拡大のあとには、必ずインフレがやってきます。しかし、それはいつ、どのタイミングでやってくるか誰も確かなことはいえません。現在のようにグローバルな資本移動が盛んに行われているときには、いつ国債の下落（金利の上昇）が始まるか、どのタイミングで市場がそれを判断するかは、まったく予想できなくなっているのです。これは外国債比率の大きな国にとって大きなリスクといえます。

金融機関の救済にしても、その資金の規模が大きくなるほど、国民の不満は高まります。日本でも金融機関への資金注入には多くの反対がありました。同じことはアメリカでもあり、公的資金の注入を受けた金融機関のトップが高い退職金をもらっていたことなどが問題視されました。通常の企業であれば、資金繰りが苦しくても政府や中央銀行から援助を受けることは簡単にできません。なぜ放漫経営で失敗した金融機関に、税金を投入しなければならないのか、という不満が、投入の規模が大きくなればなるほど高まるのは当然です。

また、グローバル化が進むほど、つまり経済の開放度が上がれば上がるほど、公共投資の効果が下がるというのが、実証研究でも出ています[*11]。経済の開放度が低い段階では、政府投資でインフラをつくるときでも、国内の事業者が受注するので、その事業者のお金が、また別の国内の事業者に行くというかたちで、国内でお金が回ります。しかし、開放度が高まると、そのお金が海外に漏れるため、公共投資の効果は低くなるのです。

もちろん、今回の経済危機ほどの巨大なバブル崩壊のあとでは、金融や財政を目いっぱい拡張する以外に危機を脱する道はありません。しかし、その効果は、次第に薄くなっているという事実を無視できません。バブルを早期につぶすよりも、事後処理を行ったほうがいいという現在主流の考え方が、本当に正しいのかどうかが問われているのです。

▼資本のゆるやかな逃避

グローバル化の影響は租税にも現れています。例えば、日本のある大手電機メーカーは、日本に支払う税金を一としたとき、海外は五と、海外に五倍の税金を払っているとのことです。海外の生産・販売比率が上がっていけば、こうした傾向は避けられないでしょう。その結果、日本でも法人税引き下げが検討されているのは記憶に新しいところです。

これまで見てきたように、グローバル化とは、グローバルに活動しようとする企業や投資家の利益機会の拡大を意味します。とりわけ途上国にとっては、こうしたグローバル資本を呼び込むことが、発展への近道となります。事実、日本でも多くの企業が、為替の影響もあり、生産拠点を中国などの新興国や途上国に移しています。企業の発展と国家の発展が、単純にイコールで結べる時代は、次第に過去のものになりつつあるのです。

もっとも、こうした海外への資本逃避は、それほど大きくないという指摘もあります。「ホームバイアス」と呼ばれるものがそれです。先進国ではどこでも、投資家は自国への投資のほうを優先する傾向にあります。また企業は、事業展開がいかに多数の国に拡がっても、本社機能は本国に置こうとします。これにはさまざまな理由がありますが、高レベルの業務ほど、その企業がこれまで蓄積してきた人材や組織、ネットワークといった無形の資産に下支えされているため、簡単には移転できないという理由が大きいようです。

しかし、単純労働については海外移転がすでに進んでいますし、研究開発なども、これから海外への移転がゆるやかに進んでいくでしょう。そうした事情を背景として、こうした国際的に活動する大企業の、政治に対する発言力も強くなってきます。日本でもTPPなどFTAの交渉で、農業団体などの力が次第に弱まり、財界の影響力が大きくなっているのには、こうした背景があるのです。

貿易や投資の自由化がさらに進めば、企業が本国にとどまるという保証もありません。経営の合理性を考えれば、人件費が安く、消費地にも近いところに生産や研究拠点を移すのは、資本主義の生理からいってほとんど避けがたいことだからです。

ただし、海外に移転することが、長期的に見て企業の利益となるかどうかは、現時点ではよく分からないともいえます。本国と違い、海外では危機が起きたときに救済を受けられるという保証はありません。また、第三章で見たように、今後、地政学的リスクが高まるとすれば、海外投資の危険も高まるでしょう。

リーマン・ショックやユーロ危機のあと、世界経済全体を覆う不確実性の霧が次第に濃くなっています。こうした事情を考えると、企業の海外シフトが本当に合理的なものかどうか、それさえも簡単にはいえない時代に入りつつあるのです。

▼保護主義から国際的な資本管理へ

現在のグローバル化のもとでは、資本主義の発展と国家の発展は必ずしも一致しなくなりました。このことは、資本主義にとっても国家にとっても、長期的に見ればそれぞれの力を弱めることになるでしょう。資本は国家による保証を失い、国家は資本の助けを得にくくなるわけですから。

一九三三年に、ケインズは「国家的自給」という有名なエッセイを書いています。[*12] そのなかでケインズは、大量生産が進んだ現在では、資本がどこで生産してもよくなったため、自由貿易のメリットは失われていると書いています。

ケインズは早くから、当時のイギリスにおける海外投資ブームを批判していました。海外投資に資本が流れる結果、国内投資が停滞し、それが失業や労働賃金の伸び悩みを生んでいる、と考えたのです。このエッセイでケインズは、（非常に遠回しのいい方ですが）保護主義の必要性を説いています。

これは、当時の状況を考えれば決して突飛な主張ではなかったといえます。事実、一九三〇年代はブロック経済が進みました。ブロック経済は世界の貿易を大きく減退させましたが、国内雇用という点では押し上げる効果がありました。[*13]

アメリカのニューディールに代表されるような各国で進んだ経済統制の強化は、その後の戦時経済への突入が悲劇的な結末に終わったとはいえ、国民経済の再組織化をもたらしたのは間違いないといえましょう。

一九四〇年代に入るとケインズは、保護主義ではなく、新たな世界経済秩序の構想に向かいます。国際的な資本規制を強化し、各国の経常収支をバランスさせる国際的な制度をつくることで、保護主義ではない別のかたちでの資本主義の管理を考えるようになったのです。それが前章で述べた、ブレトンウッズ体制でした。

現在の世界が、一九三〇年代と同じ歴史を繰り返すかどうかは未知数です。しかし、今回の世界経済危機が長引けば、各国がそのような方向に舵を切るのは、ほとんど避けがたいことといえましょう。ポランニーのいうように、そのような圧力が、国内から強まるからです。そしてそれは、関税による貿易のブロックという分かりやすいかたちではなく、もっと隠微な、巧妙なかたちで進む保護主義となるでしょう。

この歴史の反復は、悲観すべきことなのでしょうか。それとも国家と資本主義の関係を再定義していくひとつのきっかけなのでしょうか。いずれにせよ、国家間の対立をできるだけ抑えながら、国家の発展と資本主義の発展を一致させるべく、各国が新たな智恵を絞るべき時期にきているのは間違いありません。

第六章　日本経済の病理を診断する

▼低成長だけが問題だったのか？

前章まで、現代のグローバル化が抱える問題を見てきました。これまでの議論を踏まえれば、日本経済の真の病状も違ったかたちで捉えることができるでしょう。

バブル崩壊によって一九九〇年代以降、日本はかつてない経済の停滞を体験し、「失われた一〇年」がいつしか「失われた二〇年」と呼ばれるようになり、世界経済の成長から日本だけが取り残されているという危機感が拡がりました。

そのなかで進められたのが、規制緩和や構造改革といった経済の自由化であり、グローバル化でした。「改革なくして成長なし」という小泉元首相の言葉が、この二〇年間の政治が歩んだ道を端的に物語っています。

しかし、低成長は日本の改革の遅れが原因で続いたことだったのでしょうか。それを問い直すことに、日本経済の未来を考えるうえで重要なヒントが含まれています。

というのも、この二〇年間の日本で進められた自由化とグローバル化は、目論見どおりに経済を成長させることに失敗したばかりか、新たに別の問題を日本社会にもたらしたように見えるからです。

▼高まる海外依存

ここで注目したいのは、日本経済の体質の変化、つまり海外への依存度が高まっていったというプロセスです。一九九〇年代後半から、日本の円高とデフレが本格化しました。その状況を放置して、自由化とグローバル化を進めたため、民間の投資が国内よりも海外に移っていったのは当然のなりゆきでした。

事実、日本企業の海外進出は一九九〇年代から本格化し、生産拠点や販売拠点の海外シフトが進みました。GDPに占める製造業の割合は下降線をたどり、最盛期だった一九七〇年代の三五％から、今や二〇％を割るまでに低下しました。

雇用が海外に流出した結果、日本人の平均所得は、この二〇年は横ばいのままです。長びくデフレで企業は設備投資をひかえ、家計も支出を抑えています。その結果、日本経済の体質は内需中心から外需依存へと次第に変わりつつあります。日本の輸出依存度（GDPに占める輸出の割合）は、一九九〇年には一〇％程度だったものが、二〇〇七年には一八

%と大きく上昇することになりました。

　これは日本経済の成長が、海外市場の動向に依存する傾向を強めた、ということを意味します。ただし、これは、決して新しい現象ではありません。一九三〇年代の日本では、GDPに占める輸出の割合は二割以上あったのです。[*1] 戦前の日本は、まさに輸出立国だったのであり、二一世紀前半の現在の日本はそれに逆戻りしているのです。日本経済の体質に着目しても、やはり第一次グローバル化の時代と、現代はよく似ているというわけです。

▼企業と国民経済の利益の不一致

　競争力のある製造業企業は、この二〇年の間に、海外に生産拠点を移すことで、むしろ業績を伸ばしてきました。典型はトヨタです。トヨタは八〇年代までは日本の自動車メーカーのひとつだったのが、二〇〇〇年代の終わりにはGMを抜いて世界ナンバーワンの企業になりました。連結の売上高は、一九九〇年の九・一兆円から二〇一〇年の一八・九兆円へと、この二〇年で倍に伸びています。競争力のある企業にとってグローバル化は、企業業績を拡大する絶好のチャンスとなったわけです。

しかし、一方で国内労働者はグローバル化の恩恵を受けていません。途上国の賃金の低い労働者との競争が進むことで、賃金上昇を抑える圧力がかかるためです。くわえて、ITによる経営の合理化も、労働者には不利に働いています。技術進歩は短期的には失業を増やすのです。[*2]

かつては、日本企業の成長がすなわち日本経済の成長でした。しかし、グローバル化が進んだ今日では、日本企業の成長は必ずしも日本経済全体の成長とイコールではなくなりました。

企業の利益と国民経済の不一致が、国内に新たな対立をつくり出しています。グローバル化を進めて生き残りをはかりたい企業は、政府にこれまで以上の自由化やグローバル化の推進を求めます。グローバル競争が激しくなるなかで、これは避けがたい傾向といえましょう。

しかし、企業の積極的な海外進出が、日本経済に新たな問題をつくり出すのです。ここではふたつの問題点を挙げておきましょう。

図10　日米仏の成長率比較

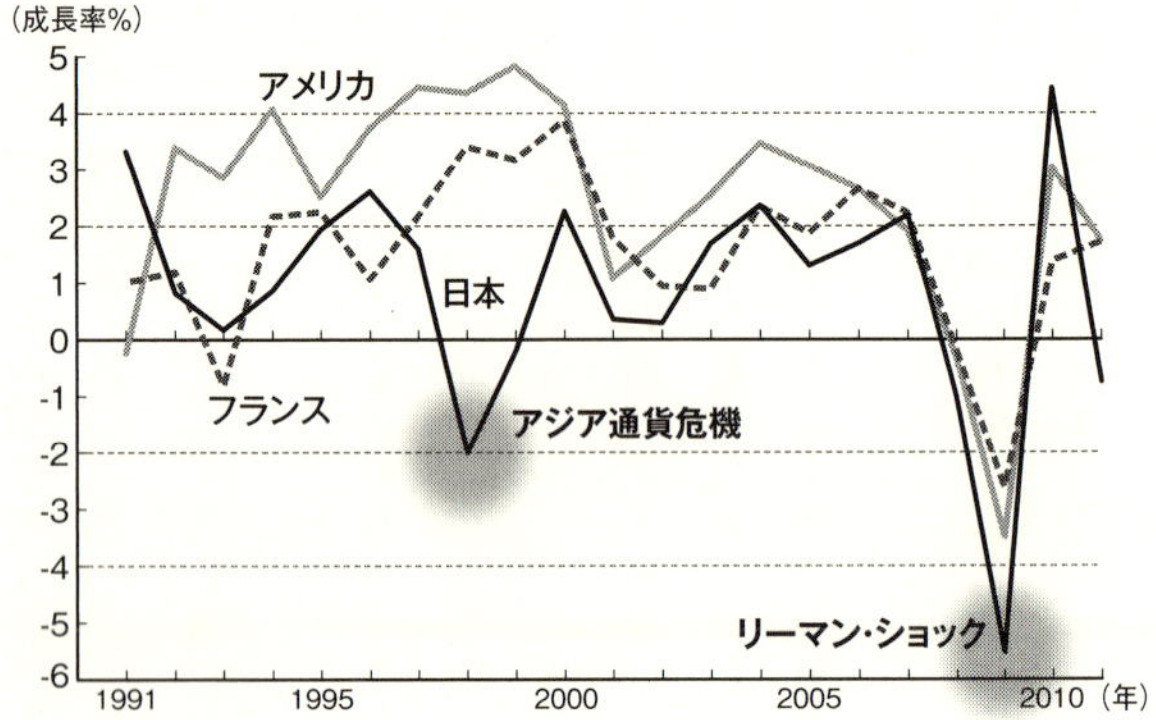

IMF, World Economic Outlook Database をもとに作成

▼「脆弱化」した日本経済

第一に、日本経済がしだいに海外のショックに弱くなっているという問題です。輸出主導型の経済は、世界経済が順調に発展しているときには、大きな成果をもたらします。しかし、世界経済が不安定になれば、まっさきに日本がその影響を受けるということでもあります。

「失われた二〇年」で日本経済がおちいっていた罠《わな》は、まさにこの問題なのです。図10のデータを見てください。日本、アメリカ、フランスの二〇〇〇年代以降の経済成長率のグラフです。どの国もほぼ同じような波形を描いていますが、一九九七年のアジア通貨危機でマイナス成長になったのは日本だけです。二〇〇八年のリーマン・ショックの際にも、危機の震源地である、アメリカやヨーロッパよりも日本のほうが景気の落ち込みかたはひどいのです。

なぜそのような違いが生まれたのでしょうか。アメリカとフランスでは、グローバル化が進んでいった九〇年代以降でも、輸出への依存度がさほど上昇していません。アメリカは一〇％以下、フランスは二〇％台で、この二〇年間、ほとんど変化が見られないのです。

他方、日本はこの二〇年間で輸出依存度をほぼ二倍にまで増やしました。その結果、グローバル経済全体の景気が好調なときには成長し、グローバル経済が少しでも減速すると激しい景気後退を体験する、ショックに対して脆弱な体質になってしまったのです。

アジアやアメリカ、ヨーロッパで何か大きなショックが起きるたびに、日本の輸出企業が打撃を受け、雇用が制限されてしまい、デフレも加速していきました。この二〇年間の日本は、貿易や海外投資を拡大していく一方で、ショックに対して脆弱な経済体制へと変わってしまったといえるでしょう。

低成長も確かに問題です。しかし、成長率の鈍化は他の先進国でも見られる傾向で、日本にのみ特有というわけではありません。本質的な問題は、低成長よりも日本経済の脆弱化なのです。

ここまでの章で、グローバル経済では、これからも想定外のショックが次々起こるだろうという予測をしました。次にどこで何が起こるのか、そして、どのような連鎖をするかも分からないようなグローバル化の時代に、このグラフが端的に示すように、日本がもっともダメージを食らう可能性が高いわけです。

欧州危機の深刻さを考えれば、これからも大きな経済ショックは頻発するでしょう。行き場を失った投機マネーが、原油とか食料に流れ込み、資源価格の乱高下というかたちで現れてくるのは当然の予想です。グローバル経済の浮き沈みが不確実性を高め、日本の実体経済を振り回していくでしょう。

くわえて、これまでお読みいただいた理由で、各国がグローバル化路線を修正してくる可能性を無視できません。保護主義の動きは必ず起きてきますし、新興国では国内の不満と結びついて、あからさまな外資排除に走る国も出てくるでしょう。そのときまっさきに打撃を受けるのは、グローバル化による海外進出を急いできた日本のような国だということを忘れるべきではありません。

▼国内対立の激化

ふたつめの問題点は、国内のさまざまな対立が今後、激しくなるだろう、ということです。例えば大都市と地方の対立。「東京一極集中」といわれるように、この二〇年間で人口を順調に増やしているのは東京など一部の大都市だけです。残りの地方は人口を失い、税収減に苦しんでいます。

これにはいろいろな理由がありますが、グローバル化の影響を無視できないでしょう。為替や人件費の関係もあり、競争力のある製造業企業は、生産拠点を海外にシフトさせています。他方、グローバルに情報や資本が集まる大都市には、サービス業を中心に雇用があるため、人口が集まる傾向にあります。とくにサービス業は、後に見るとおり人口密度の高い地域で発展する傾向にあるため、人口を失った地方では「シャッター商店街」にならざるをえません。

正規労働者と非正規労働者の格差も、拡大していくことになるでしょう。くわえて、世代間の格差も深刻化していく可能性が高いといえます。失業や劣悪な労働条件に苦しむ若者の間では、すでに一定の資産をもつ高齢者が優遇されている今の福祉はおかしい、という声が上がり始めています。これも日本だけに見られる現象ではなく、若年失業率が上昇している欧米でも問題視されています。

また、産業間の対立もこれからはっきり出てくるでしょう。グローバルな競争力をもつ産業からすれば、自由貿易の推進によって海外へのビジネスチャンスを増やしたいところです。しかし、農業などから見れば、これ以上、衰退が進むことを座視できません。この対立は、野田政権が進めようとしているＴＰＰへの参加是非をめぐって、はっきりと浮き彫りになりました。こうした産業間の対立は、これからも続くでしょう。

▼大都市と地方の対立

こうした対立のなかで、とくに大都市と地方の人口格差が深刻です。ごく簡単にいえば、東京・名古屋を中心とした大都市圏に人口が集まる一方で、人口を失った地方の衰退が著しいという現象が起きているのです。

グローバル企業の集まる首都圏、愛知、そして大阪のベッドタウン化が進む滋賀では人口流入が著しく、群馬、大阪、福岡で微増、そして、地方に関しては、沖縄を唯一の例外としてすべての県で人口流出が続いています。[*3]

とりわけ東京都市圏の人口増は顕著です。事実、東京都市圏（東京・神奈川・千葉・埼玉の一都三県）だけで三五七〇万人と、世界最大の都市圏となりました。東京都市圏は、人口の三割、ＧＤＰの三四％が集まる、巨大経済圏にふくれあがったわけです。

大都市への人口流入は、高度成長期からありました。したがってこれは目新しい現象ではないと思われるかもしれません。確かにそうなのですが、しかし当時と違って今の日本は人口減少社会に突入しています。したがって今、起きているのは人口の取り合いです。そして人口を失った地方は、急激ないきおいで衰退が進んでいるといえます。

それを象徴的に示すのがシャッター商店街でしょう。東京都市圏では（地域にもよりますが）商店街の活気がまだ残っているのに対して、地方の中心市街地では、商店街のシャッターは相次いで降ろされています。地方の都市部では、昼でも人がまばらというなんとも寂しい光景は、もはやおなじみになりつつあります。工場などが海外に移転していき、就職先を求めて若者が大都市へと移動するため、こうした光景は日本全国のいたる所で見られるようになりました。

これは単にグローバル化の影響だけではなく、サービス経済化（産業や雇用の中心が製造業からサービス業へと転換していく現象）の影響もあります。サービス業、とりわけ小売などに代表される対人サービス業の発展は、人口密度に比例します。こうした「密度の経済性」が働くため、サービス業は、人口が多い地域で発展する傾向にあるのです。

人口過疎地はお客が少なく、回転数も下がりますから、これは決して奇異な話ではありません。人口が減少局面に入った地域では、客層を広域化し、自動車での買い物客を当てこむ大規模チェーンしか生き残れなくなります。地方都市の中心市街地でシャッター商店街化が進んでいるのには、こうした事情があるのです。

人口構造の転換は、政治にも影響を与えます。日本はこれまで、地方を票田とした自民党が長く政権を担当してきました。その中心にいたのも、田中角栄など地方出身の政治家でした。そのもとで、公共事業などを通じた都市から地方への所得移転が行われてきたのです。

しかし九〇年代以降、この構図に変化が生じてきました。都市住民の発言力が強まり、大都市出身の政治家の影響力も大きくなってきました。二〇〇〇年代の構造改革では、公共事業の削減や地方交付金の見直しが進みましたが、それを推進したのが神奈川県選出の小泉純一郎であったことは、このことを象徴しています。

現在も進む地方分権改革は、実はこうした流れの上にあります。その端的な例は、名古屋の「独立」を宣言している河村たかし市長、「大阪から日本を変える」と主張する橋下《はしもと》徹市長でしょう。いずれにせよ、東京・名古屋・大阪の首長の発言力が増している背景には、こうした事情があるのです。

▼「小さな政府」が対立を加速する

本来、こうしたさまざまな国内の対立を緩和するのが、政治に求められる役割です。しかし今の日本の政治は、必ずしもその役割を果たしているとはいい難いのが現状です。

都市から地方への所得移転は、公共事業の削減などによって、打ち切られようとしています。地方交付金などによる税収の移転も、都市間競争をうたった地方分権改革のなかで、次第に見直しの対象となっています。

こうした動きの背景には、財政赤字が拡大しているという現実があります。不況とデフレによって税収は減る一方であるにもかかわらず、福祉を中心に支出は増える一方。これでは財政破綻《はたん》してしまうということで進められたのが小泉政権の「構造改革」でした。

この改革が支持された背景には、周知のように、利権をめぐる世論の不満もありました。公共事業は一部の土建業者に対する利権である。こうした既得権益があるために、経済は不効率になるし、財政赤字も減らない、というわけです。この既得権益は、福祉や農業についても指摘されており、その見直しを求める声も高まっています。これから世界的な不況が深刻化していけば、財政の少ないパイをめぐって国内の対立はますます厳しいものとなるでしょう。

しかし、国家は大都市だけで構成されているわけではありませんし、一部の競争力のある産業だけで構成されているわけでもありません。グローバル化のもとでの「小さな政府」路線は、ただでさえ激しくなる国内の格差や対立をむしろ加速させてしまうのです。

▼グローバル化は政府を大きくする

こうした国内の対立を緩和するには、政府規模を大きくする必要があります。グローバル化のもたらす社会対立を抑えるためには、「小さな政府」ではなく、「大きな政府」が必要なのです。

第三章でもふれたようにグローバル化が進むほど政府規模は大きくなるという実証研究があります。同じ先進国でも、ヨーロッパは、日米に比べて「大きな政府」、つまり政府支出の規模が大きいという特徴があることは、よく知られています。それは戦後、ヨーロッパの域内貿易が盛んになったことの帰結なのです。

グローバル化が進み、経済が国際競争の圧力に晒されるほど、人々はセーフティネットの充実を政府に求めるようになります。失業の危険や、労働環境の悪化に対応するために、生活の保護を要求するようになるのです。急な経済環境の変化で失業した労働者が、次の仕事を探すまでの補償を政府が与えることは、労働市場が円滑に働くうえで、むしろ不可欠なことといえます。政府が積極的に国民の生活を支える福祉国家は、経済がグローバル化していくことと表裏一体なのです。

アメリカや日本がこれまでヨーロッパ諸国に比べて「小さな政府」だったのは、端的に貿易開放度が小さかったからにほかなりません。しかし、これからグローバル化が進んでいけば、福祉の充実は避けて通ることのできない政治問題となってくるでしょう。

リーマン・ショック以後、オバマ政権が一方で輸出の倍増をうたい、他方で福祉（オバマ・ケアと呼ばれる国民皆保険制度など）の拡充を行おうとしているのも、そうした背景のもとで理解する必要があります。グローバル化の推進と福祉の拡充は矛盾しないどころか、むしろ歴史の趨勢とでもいうべきものなのです。

ただし、これは決して容易な道ではありません。福祉の充実は、高所得者への負担を重くしますが、当然、大きな反発が生まれます。くわえて財政赤字の問題があります。ユーロ圏の国々では通貨の信認を守るために、各国とも緊縮財政を余儀なくされています。とりわけ国家債務危機を抱えた国では、むしろ福祉の削減圧力がかかるでしょう。日本も同様です。民主党政権は、子ども手当や高校無償化など福祉の拡充を訴えて政権交代を実現しましたが、財政赤字が急拡大した結果、こんどは財政の引き締めや増税に舵を切らざるをえなくなりました。

各国とも世界不況のなかで失業が深刻な社会問題となっているにもかかわらず、財政を拡張するどころか、むしろ緊縮する方向に向かおうとしています。これはグローバル化の今後を考えるうえで、無視できない不安定要因といえるでしょう。グローバル化を進めつつ、政府規模をこれ以上大きくできないとなれば、社会のさまざまな断層がむしろ広がってしまうからです。これは先進国だけの問題ではありません。中国など、急速なグローバル化を体験しながら福祉が未発達な国では、なおさら、さまざまな不満が噴出することが予想されるからです。

▼バランスを失う国家

大都市圏中心の経済は、グローバル化やサービス経済化が進めば、ある程度はやむをえない趨勢だといえます。しかし、そのことで日本が別のリスクを抱え込んでいることを見逃すべきではありません。

その典型が地震です。東日本大震災以後、日本列島が大地震や津波とつねにつきあっていかなければならないことがあらためて自覚されるようになりました。日本が地震活動期に入ったとする説も有力です。首都直下型地震の可能性は決して無視できません。東海・南海・東南海地震や、その三連動のリスクもあります。こうした国土構造を考えるとき、東京や、名古屋・大阪も含めた三大都市圏に人口が集中する今の構造は、きわめて脆弱といわざるをえません。

同じことは、国防についてもいえます。日本は長い国境線によって囲まれた島国であるため、地方で人口を失うことは、国防にも決して無視できない影響を与えます。

ほかにも都市は育児コストが高くなりますから、少子化も進みますし、地方の共同体の弱体化は、地方文化の荒廃も招きます。電力の供給体制もこれまで以上に整えなければならなくなります。今の大都市人口集中を前提とするかぎり、原発などを用いた大規模集中発電という電力構造は簡単には変わらないでしょう。

▼平時の思想、危機の思想

大都市への人口集中は、「効率化」の観点からはやむをえない、という意見もあります。資源をできる限り効率よく利用するほうが望ましいという観点からすれば、人口や資本が東京などの大都市に集中することは当然だとする考え方です。人口を失った地方に、公共事業のようなかたちで資源を再分配するのは、むしろ非効率である。事実、そうした考え方に基づいて二〇〇〇年代の構造改革も進められてきました。

また「効率化」という観点から見れば、経済の中心が、輸出や海外投資に向かうのもやむをえないということになります。高い競争力をもったグローバル企業に人や資本が集まるのも、停滞気味の国内市場よりリターンの大きな海外に投資が向かうのも、そのほうが効率的だからだ、ということになるでしょう。効率性という観点から見れば、大都市集中の人口構造も、グローバル化の推進も、当然の帰結だということになります。

グローバル化によるこうした変化を、政府が積極的に後押しする体制を第三章で現代版の重商主義と呼びました。市場経済の論理を貫徹させようとすれば、国家が重商主義に向かうのは、当然のことなのです。

しかし、効率化を重視する考えは、何のショックも起きない非現実的な世界を想定しているから成立しているだけのように思えます。

ひとたび海外で大きなショックが起きれば、輸出は大きな打撃を受けます。急激な円高で投資もリターンを失うでしょう。地震や津波による自然災害によるショックも大きくなります。今後、国家間の緊張関係が高まれば、海外進出のリスクも大きくなるでしょう。

今、日本が入りつつあるのは、こうした経済、自然災害、安全保障などさまざまな面で、危機が頻発する時代です。危機の時代には、単純に効率を追求する平時の思想とは違う発想が求められるのです。

▼グローバル化は福祉国家に行き着く

しかし、そのように主張すれば、ただちに次のような反論が返ってくるでしょう。グローバル競争の時代に、効率性を犠牲にすることなどありえない。競争力のある輸出企業を後押しし、大都市に人口を集中させるのは、国際競争を勝ち抜くためには当然の選択だ、と。

そうした議論を一概に否定するつもりはありません。確かに、海外との競争があるなかで、グローバル企業が規模を国内外に拡大していくのは必然です。またグローバルな都市間競争のなかで、グローバル資本をひきつける魅力を東京などの大都市圏が備えていることとも否定しません。こうした都市でできる限り税収をあげないと、地方への再分配もできないというのもそのとおりです。

しかしそれならば、グローバル化路線を追求するだけでなく、福祉の拡充をはからなければ国家の安定は保てません。グローバル化を進めることは、「小さな政府」のもとでは不可能なのです。

衰退する地方への補助金の増加、雇用の救済、社会保障の充実といった、福祉の拡大を必ず伴います。グローバル化して効率化を進め、大都市への人口集中や重商主義を進めれば進めるほど、経済はショックに対して脆弱になるため、それを補うような政府活動をむしろ大きくしていくという歴史の趨勢に逆らうことはできないのです。

グローバル化を進めている日本は、遅かれ早かれ、福祉の充実を急がなければならなくなるでしょう。図11に見るとおり、先進国で比較しても、日本の国民負担率は低水準です。また人口一〇〇〇人あたりで見た公務員の数は、フランス九五・八人、アメリカ七三・九人、ドイツ六九・六人です。それにくらべて、日本は四二・二人と、あきらかに少ないのが特徴です。[*4]

図11　国民負担率の国際比較（2009年）

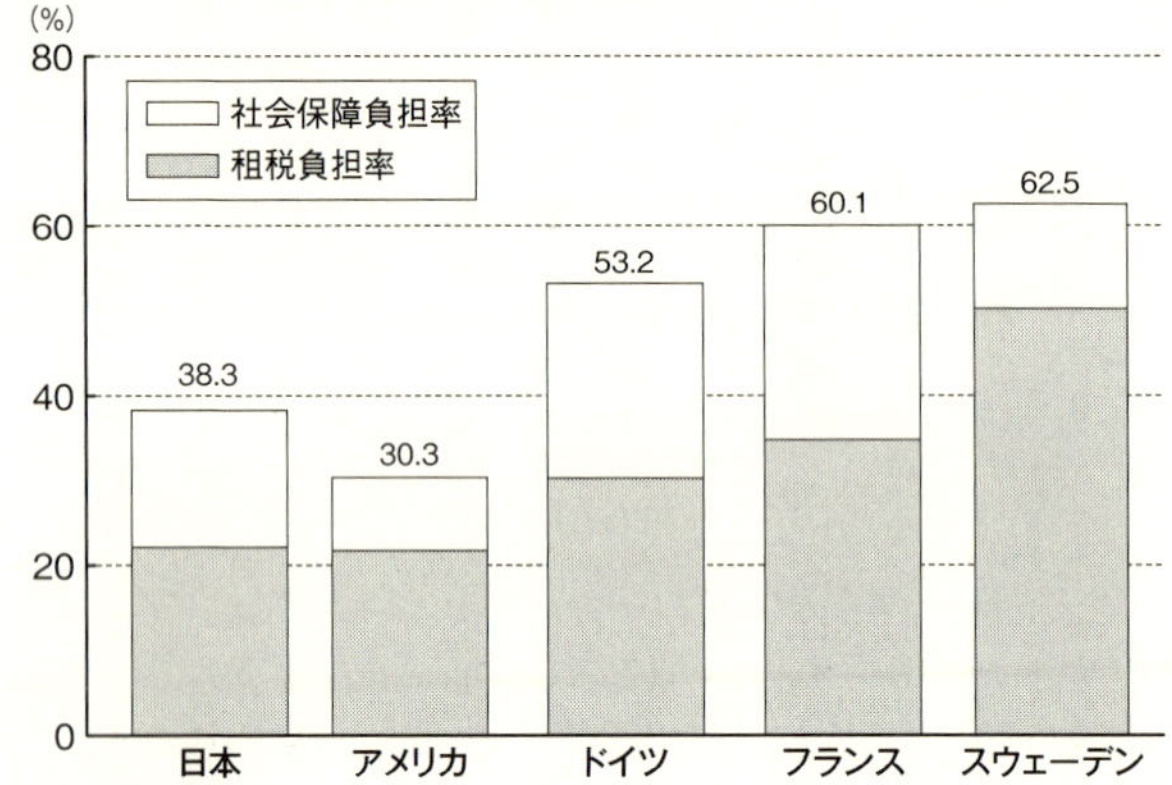

財務省のデータ（http://www.mof.go.jp/tax_policy/summary/condition/020.htm）をもとに作成
日本のみ2009年度

こうした状況を改善し、日本を「大きな政府」路線へと切り替えていくことなしに、グローバル化がもたらす経済社会の不安定化に耐えることはできません。「小さな政府」を続けながら、グローバル化を進めることは不可能なのです。

しかし、グローバル化と「大きな政府」の組み合わせは望ましいことなのでしょうか。福祉国家も行きすぎると、多くの弊害をもたらします。福祉国家の拡大が、家族や共同体といった社会の基礎を崩壊させるという点は、しばしば指摘されるところです。福祉国家とは、これまで共同体によって供給されていた治安や福祉（育児・教育……）を、政府が行うというシステムです。

しかし、それは行政の肥大化と、家族や共同体の縮小を招きます。過大な行政コストを維持するためには、経済をますます成長させ、税収を増加させなければなりません。一度、ふくれあがった福祉を、民主主義のもとで削減することは、きわめて難しいからです。

グローバル化を進め、「大きな政府」による福祉国家化を進めていくことだけが、日本の進むべき唯一の道なのでしょうか。それともグローバル化に一定の制限を加え、家族や共同体を時間をかけて再生させながら、国内の都市と地方、多様な産業のバランスをはかるという選択が、日本がとるべき新たな道なのでしょうか。

これはひとり日本だけが直面している選択ではありません。二一世紀の各国政治に課せられた、きわめて重要な課題なのです。

第七章　恐慌以降の世界を生き抜く

▼二度目の「脱グローバル化」がやってくる

これまで述べてきたことは、過去の歴史のパターンに照らした、きわめて大ざっぱな予想にすぎません。未来のことは誰にも分かりませんから、今回の危機も各国の政策的な努力がみのり、景気が順調に回復し、世界はふたたびグローバル化の拡大へと歩みを進めるかもしれません。

しかし、次のことは確実にいえるでしょう。グローバル化は、一度始まったら一直線で進む不可逆的なプロセスではない、ということ。歴史を見る限り、グローバル化はある時点で、必ず反転する局面を迎えるということ。本書で見てきたように、グローバル化は決して歴史の必然ではないし、一度始まったら永遠に続くプロセスではないのです。

現実の経済の流れを見ても、脱グローバル化へ向かう下地はできあがっています。グローバルな経常収支の不均衡が構造化されているうえに、資本移動の自由が認められた現在のグローバル経済では、今回の危機が短期的に回避されても、いずれまた、強大なバブルが生成され、崩壊し、危機的な状況におちいるでしょう。そうした局面では、問題を解決するために国家が前面に出てくるのは避けられない事態なのです。

不安定化した経済とせり出してくる国家の動きが、国際政治の大きな緊張と結びついたとき、グローバル化は直ちに、脱グローバル化へと転換します。

歴史の潮目は、明らかに変わりつつあるのです。日本はグローバル経済についての根拠のない楽観から抜け出し、今後の世界が進むかもしれない、脱グローバル化のシナリオをもっと想定する必要があるのです。

▼ハードランディングを避けるために

戦前の場合、それは保護主義とブロック化の果てに戦争へと向かいました。それと同じ過ちを繰り返すべきではないことはいうまでもないでしょう。

しかし、「脱グローバル化」が必ず戦争へと向かうと考えるのは、あまりに悲観的すぎるというべきでしょう。今後、世界が保護主義へとゆるやかに舵を切るなかで、国家間の対立をできる限り緩和させていく、そのような働きかけを行う余地は、いくらでも残されているからです。

歴史を見る限り、一度始まった脱グローバル化の動きは、短期で終わりません。事実、一九三〇年代から始まった、ニューディールやファシズムなどに見られたような国家単位で経済運営を強化していく動きは、第二次世界大戦をはさんで、戦後も持続しました。短期の資本移動を制限し、固定相場の下で各国の貿易をバランスさせようとしたブレトンウッズ体制が崩壊した一九七〇年代までは、各国は国民経済を単位として経済発展を追求していたのです。

この時代、各国経済は強い規制の下にありました。一九三〇年代から四〇年代にかけての戦時統制経済は終わりましたが、どの国でも、政府主体の経済運営体制は戦後も続いたのです。貿易は回復しましたが、関税や外資規制を含めた経済の障壁は残り続けました。ブレトンウッズ体制の下では、各国の経済発展はあくまで内需中心でした。戦後の「資本主義の黄金時代」とも呼ばれる未曾有の経済成長は、「脱グローバル化」の時代に起きたことなのです。

もちろんこの時期の経済成長には、多くの偶然が作用しています。一九四〇年代から一九五〇年代にかけて、自動車やエレクトロニクスなど、生産に大量の雇用を必要とする耐

図12　グローバル化と脱グローバル化の歴史

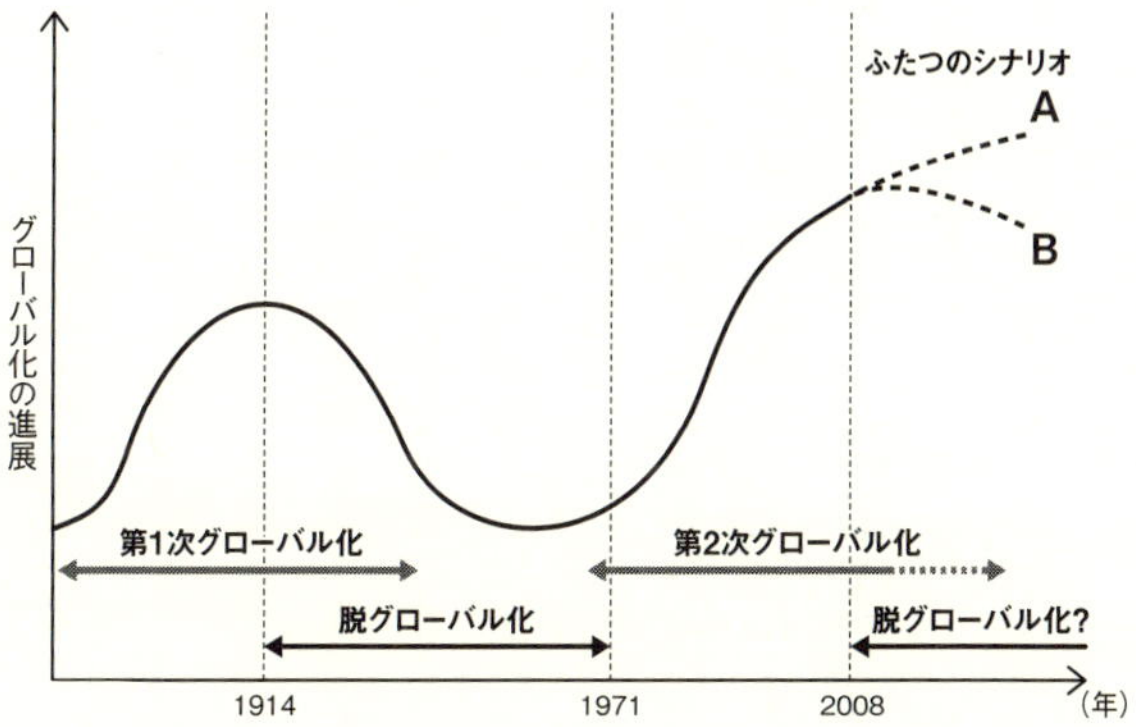

久消費財の市場が急成長しました。一九五〇年代には中東で大油田が相次いで発見され、低コストで石油を利用することができました。生産の増加が賃金の増加を生み、それが消費の拡大につながるという国内経済の好循環が生まれたのも、こうした技術革新の影響が大きかったといえるでしょう。

　これから始まる「脱グローバル化」への転換が、どのような帰結をもたらすのか誰も確かなことはいえません。しかし、これから始まる歴史の転換が、不幸な結末だけを想像させるとしたら、それは間違いです。グローバル化した世界と、脱グローバル化した世界の、どちらが人々の暮らしにとって良くなるかは、これからの歴史が決めることなのです。

もちろん、戦前の脱グローバル化が、戦争に行き着いたという事実を軽視すべきではないことはいうまでもありません。今後、世界的な不況が本格化すれば、為替や貿易をめぐる国家間の争いは激しさを増すでしょう。

とりわけ国内の産業や雇用を保護したい先進国と、輸出主導の成長を続けたい新興国の間で、その対立は大きなものとなるでしょう。戦前においては、アメリカやイギリスの保護主義によって、新興国だったドイツと日本が追い詰められ、それが戦争へとつながる大きな要因になりました。これから脱グローバル化への転換が進むとすれば、こうした国家間の深刻な対立を押さえ込むべく、各国が働きかけを強めることが不可避になります。

いずれにせよ、危機後の世界に求められているのは、グローバル化から脱グローバル化への転換を、できる限りゆるやかに進めていくことです。[*1] 戦前の転換は、グローバル経済の急激な崩壊をもたらしました。二度目の転換に求められているのは、そうしたハードランディングを避けながら、できる限り各国の共存を維持できるような枠組みへとソフトランディングすることなのです。

▼これから必要になるのは公正と安定

これまで、資本主義の未来については両極端な見方しかありませんでした。ひとつは、今後、資本主義がたどるべき道は、グローバル化しかないというもの。そしてもうひとつが、資本主義はすでにその役割を終えた、とするものです。

貿易や投資の拡大によるグローバル市場の出現は、今も経済学の世界では、基本的に望ましいこととされています。必要な資源が価格の調整を通じて必要なところに配分される市場の効率性が、文字どおり世界レベルで実現するからです。技術やアイデアをもった企業は海外に出て行きやすくなりますし、また海外の優れた企業が国内に入ってくれば、国内経済も活性化します。消費者は、海外から安い製品を買うことができます。

「市場経済」の論理からすれば、グローバル市場の拡大は、経済全体の効率性を高めるという点で、これからも推進すべきものかもしれません。しかし「資本主義」の論理に立てばどうでしょうか。

これまで見てきたように、グローバル化のもとでは、運用先を求めて短期的な資金が動き回るので、バブルやその崩壊が起こりやすくなります。現在のように、各国の経常収支の不均衡が存在する場合には、アメリカや南欧のような経常収支の赤字国への資本移動でバブルが起きやすくなる。そしてひとたびバブルがはじけると、世界経済全体が不確実性の深い霧につつまれるようになり、リスク過敏になったマネーの動きに各国経済がますます振り回されるようになるのです。

くわえて、国内の所得格差はどこの国でも深刻になっています。これまでは「南北問題」と呼ばれたように、北の豊かな国と南の貧しい国で、国家レベルで格差が開いていました。

しかし、グローバル化すると今度は、国内でその格差が広がるようになりました。富裕層は、今や新興国にも先進国にも存在します。南北問題は国家レベルから、国内レベルに移し替えられました。今やどの国も、グローバル化によって恩恵を受ける層と、そこから取り残される層の間で対立が激しくなっているのです。

こうした不公正の拡大や、それによる政治的不安定こそ、これから各国が克服しなければならない、資本主義のもっとも大きな課題なのです。「市場経済」という観点からグローバル化を擁護する人々は、市場の効率性を優先するあまり、公正や安定といった、社会の別の価値を切り捨ててしまう傾向にあります。

しかし、これから国内の政治的対立や、国家間の対立が激しくなるなかで、それらを切り捨てることはもはや不可能でしょう。国内レベルでも国家間のレベルでも、経済の効率性だけでなく、社会的公正や政治的安定をいかに実現するかが、これから問われてくるのです。

▼資本主義は終わらない

他方、こうした危機が起こるたびに、資本主義は終わりだという、もうひとつの極端な見方が広まります。戦前の大恐慌のあと、一九三〇年代から四〇年代にかけても、資本主義がもう発展への推進力を失ったといわれました。資本主義はやがて共産主義へと道を譲るというマルクス主義の影響力が強まったのも、この時代です。

しかし資本主義は、簡単には終わりません。これから歴史がグローバル化から脱グローバル化へと方向転換することはあっても、資本主義が終わるわけではないのです。事実、戦後世界は、グローバル資本主義から国民資本主義へと転換することで、ふたたび息を吹き返しました。グローバル化によって無際限に拡がった生産や金融のネットワークを、国家単位で凝集することで、発展のあらたな機会をつくり出すことができたのです。

もちろん、資本主義が無限に成長できるかどうか、それは分かりません。これから「脱グローバル化」が進み、戦後と同じようなパターンを歩んだとしても、ふたたび黄金時代がやってくるとは限りません。また、仮に新たな成長への道を歩んだとしても、そのスピードはもっとゆるやかなものにならざるをえないでしょう。こうした低成長化を前提とした経済社会のビジョンが今後、求められるのは間違いありません。

では、それはどのようなものでしょうか。私は、そのヒントがケインズの言う「投資の社会化」にあると考えています。最後に少しだけ、この点にふれておきましょう。

▼「投資の社会化」

世界恐慌による混乱が著しい一九三六年に書かれた『一般理論』のなかでケインズは、「投資の社会化」（socialization of investment）が、二〇世紀の資本主義におけるもっとも大きな課題だと述べました。通常の解釈でいえば、これは政府による公共投資を意味します。恐慌が起こり、経済全体が著しい不確実性に包まれると、民間企業は投資を手控えるようになります。その場合、政府が公債によって民間の資金を吸い上げ、積極的なインフラ投資などを行って景気の下支えをする。それがケインズ主義と呼ばれる考え方でした。

しかし、「投資の社会化」という言葉の意味を、私はもう少し拡張的に考えてみたいのです。物的資本の投資だけが、投資ではありません。例えば、最近の社会学や政治学で注目されている社会関係資本という概念があります。これは、共同体に存在する、目に見えない規範や互酬のネットワークを、一種の「資本」と捉えることで、その維持と拡大のプロセスに注目するというアプローチです。

この考え方からすれば、共同体の人間関係は資本です。隣近所で井戸端会議をするとか、物の貸し借りをするなどの行為は投資なのです。事実、こうした社会関係資本が蓄積された地域ほど治安や教育・福祉などの面で恩恵を受けています。[*2] 自分のもっている一部の資産――すべての人間がもっている時間という資本――を、賃労働に使うのではなく、共同体のために使って何かしら長期的なリターンを得る。これも投資です。貨幣を一定期間手放して、将来的なリターンを貨幣で得る（いわゆる利子収入）ことだけが投資ではない。自分の時間を友人や共同体のために使って、その非貨幣的リターンを長い時間をかけて得る、ということも投資なのです。

資本主義とは、投資によって人々が利用できる資本を増やしていく運動です。そこでいう資本には、貨幣換算の可能な、目に見える資本だけではなく、もっと別のもの――人間関係や組織の信頼、あるいは教育、知識などさまざまなもの――が含まれている、と考えるべきでしょう。貨幣のリターンを求める投資だけでなく、そういう有形無形のものに投資概念を拡張していくことが、低成長時代の資本主義のあり方を考えるうえで、重要なヒントになると思うのです。

▼資本概念の拡張を

資本という言葉には、単に物的な資本だけでなく、共同体の人間関係や組織の信頼といった、必ずしも貨幣換算できない、無形の資本も入っています。そうしたものの蓄積の上に、企業の活動や、日々の経済活動がある。これは、別段新しい発見でも何でもなく、日常の生活のなかで、誰もが素朴に感じていることでしょう。

例えば農業は、先行する世代から受け継がれた灌漑《かんがい》施設などの物的資本や、人間関係の継承、そのなかで取り交わされる知識の発展の上に成り立つ産業です。同じことは、製造業についても、サービス業についてもいえるでしょう。日本の製造業がここまで発展できたのは、何世代にもわたる技術や知識の蓄積と継承があったからであり、それを支える組織や共同体のネットワークがあったからです。こうした無形のさまざまな資本があって、初めて私たちの生活が成り立っているわけです。

これはきわめて当たり前の事実ですが、残念ながら今の社会科学で、こうした無形の資本が正当に評価されることはまれです。経済学でも社会学でも、あるいは経営学でも会計学でも、こうした無形の資本を簡単に計測することができないため、制度や政策を考える議論にうまく乗せられないのです。

しかし、貨幣換算できる有形の資本だけでなく、貨幣換算できない無形の資本も増えていかなければ、私たちの生活が豊かにならないのは間違いないところでしょう。あらゆる国家には、何世代にもわたって蓄積された「国民資本（ナショナル・キャピタル）」が存在し、それが良くも悪くも、私たちの経済活動を規定しているのです。

これから必要なのは、こうした貨幣を必ずしも媒介としないかたちで増えたり減ったりしている資本に注目して、その蓄積が我々の生活にどんな便益を——あるいは不便益を——もたらしているのかを正当に評価することにある、というのが私の考えです。経済社会の新たなビジョンを考えるには、こうした資本概念の拡張が不可欠になるでしょう。

一九二〇年代に、来るべき嵐の時代を予感しながらケインズは次のように書き記しました。


「将来に向かっての次の一歩は、政治的扇動とか時期尚早の実験によって生ずるのではなくて、思想から生じるに違いない」[*3]

この言葉は今も真理をついていると私は思います。二一世紀初頭の今日、来るべき困難な時代にあって、未来を展望するにはやはり思想の力が必要なのです。

註

第一章

1 「不動産下落――なぜアジアに拡大」日本経済新聞、二〇一一年一二月一八日

2 経済学者のロバート・シラーは次のように述べている。「取るべきモデルは日本型だろう。財政出動を繰り返し、国家債務は非常に高水準になった。しかし、低いながらも成長を維持し、恐慌には陥っていない。それが現実的に我々が望めるベストの道だと思う」（日本経済新聞、二〇一二年五月二〇日）

3 ラグラム・ラジャン、伏見威蕃・月沢李歌子訳『フォールト・ラインズ――「大断層」が金融危機を再び招く』

4 グナル・ハインゾーン、猪股和夫訳『自爆する若者たち――人口学が警告する驚愕の未来』

第二章

1 ジョン・メイナード・ケインズ、早坂忠訳『ケインズ全集　第二巻　平和の経済的帰結』（ただし原文を参照して、訳文は変えてある）

2 歴史家のオロークとウィリアムソンは、第一次グローバル化の帰結を次のような簡潔な言葉でまとめている。「歴史は、グローバリゼーションが自己破壊の種をまくことを示している。その種は一八七〇年代に植えられ、一八八〇年代に芽を出し、世紀の変わり目にぐんぐん成長し、二度の世界大戦で

満開の花を咲かせた」(Kevin H. O'Rourke and Jeffrey G. Williamson, *Globalization and History: The Evolution of a Nineteenth-Century Atlantic Economy*, p.93)

3 ジェフリー・ジョーンズ、安室憲一・梅野巨利訳『国際経営講義――多国籍企業とグローバル資本主義』

4 Michael D. Bordo, Alan M. Taylor and Jeffrey G. Williamson edit., *Globalization in Historical Perspective*

5 Barry Eichengreen and Michael D. Bordo, "Crises Now and Then: What Lessons from the Last Era of Financial Globalization"

6 Kevin H. O'Rourke and Jeffrey G. Williamson, *Globalization and History: The Evolution of a Nineteenth-Century Atlantic Economy*

7 杉山忠平編『自由貿易と保護主義』

8 トーマス・フリードマン、東江一紀・服部清美訳『レクサスとオリーブの木――グローバリゼーションの正体』

9 トーマス・フリードマン、伏見威蕃訳『フラット化する世界――経済の大転換と人間の未来（増補改訂版）』

10 ニーアル・ファーガソン、仙名紀訳『憎悪の世紀――なぜ20世紀は世界的殺戮の場となったのか』

11 ポール・ケネディ、鈴木主税訳『大国の興亡――１５００年から２０００年までの経済の変遷と軍事闘争』

12 テレーズ・デルペシュ、中谷和男訳『野蛮（バーバリズム）の世紀』

ジョン・J・ミアシャイマー、奥山真司訳『大国政治の悲劇——米中は必ず衝突する！』

第三章

1 *Financial Times*, September 27, 2010

2 イアン・ブレマー、ノリエル・ルービニ「金融危機が出現させたGゼロの世界——主導国なき世界経済は相互依存からゼロサムへ」

3 ジョン・メイナード・ケインズ、間宮陽介訳『雇用、利子および貨幣の一般理論』

4 Gordon Brown, "Take Back the Future"

5 宮澤喜一は次のように述べている。「私は、その後、日本で議論されている不良債権の問題を辿っていくと、どうしても、きっとプラザ合意に行くのだろうと思います。あまり実証的に議論できないんですが、それだけ国の通貨の価値の変動があったということは滅多にないことでありますし、それに対して日本経済が対応をしたり、しそこなったりして、結局いまの姿は、どうもそのことの結果ではないかということを、いろいろな機会に思います」（御厨貴・中村隆英編『聞き書　宮澤喜一回顧録』）二七三〜二七四頁

6 スザンヌ・バーガーほか、楡井浩一訳『MITチームの調査研究によるグローバル企業の成功戦略』

7 フランシス・フクヤマ、渡部昇一訳『歴史の終わり』

8 イアン・ブレマー、有賀裕子訳『自由市場の終焉——国家資本主義とどう闘うか』

9　アダム・スミス、山岡洋一訳『国富論――国の豊かさの本質と原因についての研究』
10　佐伯啓思『アダム・スミスの誤算――幻想のグローバル資本主義（上）』
11　「核心――温首相　全人代最後の会見」中日新聞、二〇一二年三月一五日
12　一九世紀末の輸送費低下は、しばしば「輸送革命」と呼ばれる。とくに鉄など重い商品の輸送費は大幅に低下した。
13　David R. Cameron, "The Expansion of the Public Economy: A Comparative Analysis"
14　Dani Rodrik, "Why Do More Open Economies Have Bigger Governments?"

第四章

1　Dani Rodrik, *The Globalization Paradox: Democracy and the Future of the World Economy*
2　施光恒・黒宮一太編『ナショナリズムの政治学――規範理論への誘い』
3　「絶望ユーロを救う禁断の解決策」『ニューズウィーク日本版』二〇一二年六月二〇日号
4　John Gerard Ruggie, "International Regimes, Transactions, and Change: Embedded Liberalism in the Postwar Economic Order"
5　カール・ポラニー、野口建彦・栖原学訳『新訳　大転換』
6　同前、三一五頁
7　外務省「金融・世界経済に関する首脳会合　宣言（仮訳）」二〇〇八年一一月一五日
http://www.mofa.go.jp/mofaj/kaidan/s_aso/fwe_08/sks.html

8　雨宮昭彦、ヨッヘン・シュトレープ編著『管理された市場経済の生成——介入的自由主義の比較経済史』

第五章

1　ミルトン・フリードマン、村井章子訳『資本主義と自由』
2　ジョン・メイナード・ケインズ、間宮陽介訳『雇用、利子および貨幣の一般理論』
3　同前、上巻二一七頁（ただし訳文は変えてある）
4　ジョン・リチャード・ヒックス、新保博・渡辺文夫訳『経済史の理論』
5　ハイマン・ミンスキー、岩佐代市訳『投資と金融——資本主義経済の不安定性』
6　同前、九二頁
7　ジョゼフ・A・シュムペーター、塩野谷祐一・中山伊知郎・東畑精一訳『経済発展の理論——企業者利潤・資本・信用・利子および景気の回転に関する一研究』。ただし、イノベーションは「新結合」（ノイエ・コンビナツィオン）の英語表現。
8　Niall Ferguson, *The Cash Nexus: Economics and Politics from the Age of Warfare through the Age of Welfare, 1700-2000*
9　James Macdonald, *A Free Nation Deep in Debt: The Financial Roots of Democracy*
10　フリードリッヒ・A・フォン・ハイエク、八木紀一郎ほか訳『思想史論集』（ハイエク全集第2期第7巻）

11 Ethan Ilzetzki, Enrique G. Mendoza and Carlos A. Vegh, "How Big are Fiscal Multipliers?"

12 John Maynard Keynes, edited by Elizabeth Johnson and Donald Moggridge, *The Collected Writings of John Maynard Keynes, Volume 21, Activities 1931-1939, World Crises and Policies in Britain and America*

13 Paul Bairoch, *Economics and World History: Myths and Paradoxes*

第六章

1 『日本長期統計総覧』によれば日本の輸出比率は一九三〇年代に急増している。一九二九年に15・7%だったものが、一九三六年には26・1%となった。

2 一九二〇年代のアメリカでは農業の分野で技術進歩が進み、大量の労働者が都市に流入した。大恐慌の大量失業の背景には、こうした事情もあった。今、生じている製造業の技術的失業も新産業に簡単には吸収されない可能性が高く、高失業状態が長期化するおそれがある。

3 二〇〇五年～二〇一〇年の累積データ。国勢調査報告による。

4 『公務員数の国際比較に関する調査』。なおこの数字は日本郵政公社（当時）などの政府系企業や独立行政法人の職員および非常勤職員をふくむものである。

第七章

1 同時にそれは、新自由主義からの転換を伴うものになるだろう。戦前のグローバル化と結びついた自由主義は、戦後、ブレトンウッズ体制と結びついたケインズ主義へと転換した。現代のグローバル化と結びついた新自由主義は、やがてくる脱グローバル化の時代に影響力を失い、新たな思想に転換するだろう。

2　ロバート・D・パットナム、柴内康文訳『孤独なボウリング――米国コミュニティの崩壊と再生』

3　ジョン・メイナード・ケインズ、宮崎義一訳『ケインズ全集　第九巻　説得論集』三五三頁

（書誌データは、主要参考文献を参照）

主要参考文献

G・A・アカロフ、R・J・シラー、山形浩生訳『アニマルスピリット』東洋経済新報社、二〇〇九年
雨宮昭彦、ヨッヘン・シュトレープ編著『管理された市場経済の生成――介入的自由主義の比較経済史』日本経済評論社、二〇〇九年
チャールズ・P・キンドルバーガー、吉野俊彦・八木甫訳『熱狂、恐慌、崩壊――金融恐慌の歴史』日本経済新聞社、二〇〇四年
チャールズ・P・キンドルバーガー、石崎昭彦・木村一朗訳『大不況下の世界――1929―1939（改訂増補版）』岩波書店、二〇〇九年
ポール・クルーグマン、山形浩生訳『さっさと不況を終わらせろ』早川書房、二〇一二年
ジョン・メイナード・ケインズ、間宮陽介訳『雇用、利子および貨幣の一般理論』上下、岩波文庫、二〇〇八年
ジョン・メイナード・ケインズ、早坂忠訳『ケインズ全集　第二巻　平和の経済的帰結』東洋経済新報社、一九七七年
ジョン・メイナード・ケインズ、宮崎義一訳『ケインズ全集　第九巻　説得論集』東洋経済新報社、一九八一年
ジョン・メイナード・ケインズ、平井俊顕・立脇和夫訳『ケインズ全集　第二七巻　戦後世界の形成――

雇用と商品』東洋経済新報社、一九九六年
ポール・ケネディ、鈴木主税訳『大国の興亡──1500年から2000年までの経済の変遷と軍事闘争』上下、草思社、一九八八年
佐伯啓思『アダム・スミスの誤算──幻想のグローバル資本主義（上）』『ケインズの予言──幻想のグローバル資本主義（下）』PHP新書、一九九九年
佐伯啓思・柴山桂太編『現代社会論のキーワード──冷戦後世界を読み解く』ナカニシヤ出版、二〇〇九年
ハロルド・ジェイムズ、高遠裕子訳『グローバリゼーションの終焉──大恐慌からの教訓』日本経済新聞社、二〇〇二年
スコット・A・シェーン、谷口功一・柴山桂太・中野剛志訳『〈起業〉という幻想──アメリカン・ドリームの現実』白水社、二〇一一年
柴山桂太「経済学は〝ストック〟を思考できるか?」『ART CRITIQUE』第二号、二〇一二年
ジョゼフ・A・シュムペーター、塩野谷祐一・中山伊知郎・東畑精一訳『経済発展の理論──企業者利潤・資本・信用・利子および景気の回転に関する一研究』上下、岩波文庫、一九七七年
ジェフリー・ジョーンズ、安室憲一・梅野巨利訳『国際経営講義──多国籍企業とグローバル資本主義』有斐閣、二〇〇七年
杉山忠平編『自由貿易と保護主義』法政大学出版局、一九八五年
ジョセフ・E・スティグリッツ、楡井浩一・峯村利哉訳『世界の99%を貧困にする経済』徳間書店、二〇

一二年
アダム・スミス、山岡洋一訳『国富論——国の豊かさの本質と原因についての研究』上下、日本経済新聞出版社、二〇〇七年
施光恒・黒宮一太編『ナショナリズムの政治学——規範理論への誘い』ナカニシヤ出版、二〇〇九年
ハジュン・チャン、田村源二訳『世界経済を破綻させる23の嘘』徳間書店、二〇一〇年
テレーズ・デルペシュ、中谷和男訳『野蛮（バーバリズム）の世紀』ＰＨＰ研究所、二〇〇六年
中野剛志『国力とは何か——経済ナショナリズムの理論と政策』講談社現代新書、二〇一一年
中野剛志・柴山桂太『グローバル恐慌の真相』集英社新書、二〇一一年
中野剛志・柴山桂太ほか『成長なき時代の「国家」を構想する——経済政策のオルタナティヴ・ヴィジョン』ナカニシヤ出版、二〇一〇年
日本統計協会編『日本長期統計総覧』全五巻、日本統計協会、二〇〇六年
野村総合研究所『公務員数の国際比較に関する調査』二〇〇五年
フリードリッヒ・Ａ・フォン・ハイエク、八木紀一郎ほか訳『思想史論集』（ハイエク全集第2期第7巻）春秋社、二〇〇九年
グナル・ハインゾーン、猪股和夫訳『自爆する若者たち——人口学が警告する驚愕の未来』新潮選書、二〇〇八年
スザンヌ・バーガーほか、楡井浩一訳『ＭＩＴチームの調査研究によるグローバル企業の成功戦略』草思社、二〇〇六年

ロバート・D・パットナム、柴内康文訳『孤独なボウリング――米国コミュニティの崩壊と再生』柏書房、二〇〇六年
ウィリアム・バーンスタイン、徳川家広訳『「豊かさ」の誕生――成長と発展の文明史』日本経済新聞社、二〇〇六年
ジョン・リチャード・ヒックス、新保博・渡辺文夫訳『経済史の理論』講談社学術文庫、一九九五年
ニーアル・ファーガソン、仙名紀訳『憎悪の世紀――なぜ20世紀は世界的殺戮の場となったのか』上下、早川書房、二〇〇七年
フランシス・フクヤマ、渡部昇一訳『歴史の終わり』上下、三笠書房、一九九二年
藤井聡『救国のレジリエンス――「列島強靭化」でGDP900兆円の日本が生まれる』講談社、二〇一二年
トーマス・フリードマン、東江一紀・服部清美訳『レクサスとオリーブの木――グローバリゼーションの正体』上下、草思社、二〇〇〇年
トーマス・フリードマン、伏見威蕃訳『フラット化する世界――経済の大転換と人間の未来（増補改訂版）』上下、日本経済新聞出版社、二〇〇八年
ミルトン・フリードマン、村井章子訳『資本主義と自由』日経BP社、二〇〇八年
イアン・ブレマー、有賀裕子訳『自由市場の終焉――国家資本主義とどう闘うか』日本経済新聞出版社、二〇一一年
イアン・ブレマー、ノリエル・ルービニ「金融危機が出現させたGゼロの世界――主導国なき世界経済は

相互依存からゼロサムへ」『フォーリン・アフェアーズ・リポート日本語版』二〇一一年三月号
カール・ポラニー、野口建彦・栖原学訳『新訳　大転換』東洋経済新報社、二〇〇九年
アンガス・マディソン、金森久雄ほか訳『経済統計で見る世界経済2000年史』柏書房、二〇〇四年
ジョン・J・ミアシャイマー、奥山真司訳『大国政治の悲劇――米中は必ず衝突する！』五月書房、二〇〇七年
御厨貴・中村隆英編『聞き書　宮澤喜一回顧録』岩波書店、二〇〇五年
みずほ総合研究所「高まる保護主義的措置の広がりへの懸念」『みずほ政策インサイト』二〇〇九年二月四日
ハイマン・ミンスキー、岩佐代市訳『投資と金融――資本主義経済の不安定性』日本経済評論社、一九八八年
ロバート・B・ライシュ、雨宮寛・今井章子訳『暴走する資本主義』東洋経済新報社、二〇〇八年
ラグラム・ラジャン、伏見威蕃・月沢李歌子訳『フォールト・ラインズ――「大断層」が金融危機を再び招く』新潮社、二〇一一年
マルク・レビンソン、村井章子訳『コンテナ物語――世界を変えたのは「箱」の発明だった』日経BP社、二〇〇七年
Paul Bairoch, *Economics and World History: Myths and Paradoxes*, The University of Chicago Press, 1995
Richard E. Baldwin and Philippe Martin, "Two Waves of Globalisation: Superficial Similarities,

Fundamental Differences", *NBER Working Paper*, No.6904, 1999

Michael D. Bordo, Barry Eichengreen and Douglas A. Irwin, "Is Globalization Today Really Different than Globalization a Hundred Years Ago?", *NBER Working Paper*, No.7195, 1999

Michael D. Bordo, Alan M. Taylor and Jeffrey G. Williamson edit., *Globalization in Historical Perspective* (*A National Bureau of Economic Research Conference Report*), The University of Chicago Press, 2005

Stephen Broadberry and Kevin H. O'Rourke edit., *The Cambridge Economic History of Modern Europe, Volume 2, 1870 to the Present*, Cambridge University Press, 2010

Gordon Brown, "Take Back the Future", *Newsweek*, May 15, 2011

David R. Cameron, "The Expansion of the Public Economy: A Comparative Analysis", *The American Political Science Review*, Vol.72, No.4, 1978

Susan B. Carter et al. edit., *The Historial Statistics of the United States*, Cambridge University Press, 2006

J. Bradford Delong, comments by Richard N. Cooper and Benjamin M. Friedman, "Financial Crises in the 1890s and the 1990s: Must History Repeat?", *Brookings Papers on Economic Activity*, No.2, 1999

Barry Eichengreen and Michael D. Bordo, "Crises Now and Then: What Lessons from the Last Era of Financial Globalization", *NBER Working Paper*, No.8716, 2002

Niall Ferguson, *The Cash Nexus: Economics and Politics from the Age of Warfare through the Age of Welfare, 1700–2000*, Basic Books, 2001

Peter Alexis Gourevitch, *Politics in Hard Times: Comparative Responses to International Economic Crises*, Cornell University Press, 1986

Daphne Halikiopoulou and Sofia Vasilopoulou edit., *Nationalism and Globalisation: Conflicting or Complementary?*, Routledge, 2011

Ethan Ilzetzki, Enrique G. Mendoza and Carlos A. Vegh, "How Big are Fiscal Multipliers?", *Policy Insight*, No.39, 2009

Harold James, *The Creation and Destruction of Value: The Globalization Cycle*, Harvard University Press, 2009

John Maynard Keynes, edited by Elizabeth Johnson and Donald Moggridge, *The Collected Writings of John Maynard Keynes, Volume 21, Activities 1931–1939, World Crises and Policies in Britain and America*, Cambridge University Press, 1982

James Macdonald, *A Free Nation Deep in Debt: The Financial Roots of Democracy*, Farrar, Straus and Giroux, 2003

Maurice Obstfeld and Alan M. Taylor, *Global Capital Markets: Integration, Crisis, and Growth*, Cambridge University Press, 2004

Kevin H. O'Rourke and Jeffrey G. Williamson, *Globalization and History: The Evolution of a Nineteenth-Century Atlantic Economy*, The MIT Press, 2001

James Rickards, *Currency Wars: The Making of the Next Global Crisis*, Portfolio, 2011

Dani Rodrik, *The Globalization Paradox: Democracy and the Future of the World Economy*, W. W. Norton & Co., Inc., 2011
Dani Rodrik, "Why Do More Open Economies Have Bigger Governments?", *Journal of Political Economy*, Vol.106, No.5, 1998
John Gerard Ruggie, "International Regimes, Transactions, and Change: Embedded Liberalism in the Postwar Economic Order", *International Organization*, Volume 36, Issue 2, 1982
Martin Wolf, *Why Globalization Works*, Yale University Press, 2004

おわりに

グローバル化は止めることのできない歴史の流れだ――これまで日本ではそのように考えられてきました。しかし本当にそうなのでしょうか。歴史を振り返りながら本書でこれまで述べてきたのは、つきつめればそのような問題でした。

現在の世界的な経済危機は、よく戦前の大恐慌と比較されます。アメリカの巨大バブルの崩壊から始まったこと、その影響がヨーロッパに飛び火したことなど、確かによく似たパターンを辿っているといえるでしょう。短期資金のめまぐるしい移動によって通貨を中心に、経済の変動が大きくなっていることなど、共通点は探せばいくらでも出てきます。

問題は、ここからどのような教訓を引き出すか、です。本書で強調したのは、こうした巨大な経済危機が、グローバル化した資本主義のほぼ必然的な帰結だ、ということです。資本主義はただでさえ、暴走しがちな経済システムです。それを抑える枠組みを、国内的にも国際的にも取り払ったあとで、巨大な危機が起きるのはほとんど避けがたい事態です。

そのあとで、何が起きるのでしょうか。歴史を見る限り、グローバル化の時代は決して長続きしません。今から一〇〇年前の第一次グローバル化は、第一次世界大戦と大恐慌を転機として、脱グローバル化へと急転しました。こうした歴史を踏まえて、現在のグローバル化――第二次グローバル化の未来を見通す必要があるのです。

もちろん、未来に何が起きるかを具体的に予想することはできません。本書の議論はあくまでも、歴史の大まかなパターンを示したにすぎません。過去の行きすぎたグローバル化は、最終的には二度の戦争によって終わりを迎えました。そうした歴史を繰り返さないために何が必要かを考えることこそ、この危機の時代における思想と行動の、真の指針となるべき課題なのです。

グローバル化は、今のような形では長続きしないのでは、と私が考えるようになったのは九〇年代の終わり頃でした。アジア通貨危機で世界経済が混乱した時期にあたります。日本では山一證券など大手金融機関の倒産が相次ぎ、世相が急激に暗くなっていました。

当時、私は大学院で佐伯啓思先生のもと（本書で何度も登場する）ケインズの研究を始めたばかりでしたが、ケインズが同時代の世界経済について行った分析が、ほとんどそのまま現代にもあてはまることに驚きを感じていました。ケインズといえば、大恐慌期に政府の財政出動を提唱した経済学者として有名です。しかし、彼が生涯をかけて取り組んだのは、グローバル経済がもつ本源的な不安定性を克服することのように思えてならなかったのです。

ちょうどその頃、欧米の経済史の分野では、一九世紀末から二〇世紀初頭にかけての世界経済が、今とよく似たグローバル化を体験していたという研究が盛んに発表されていました。そうした研究を読み進めるにつれて、アジア通貨危機のような巨大な経済ショックは、グローバル化した経済に特有の現象であること、そして同じような出来事は、これからも繰り返されるに違いないと考えるようになりました。

そしてリーマン・ショックが起きました。その余波が欧州におよぶにつれて、次の危機へと発展しようとしています。歴史の大きなパターンが繰り返されているのでは、という予感は、ほとんど確信に近づいていています。世界はふたたび、先の見えない不確実性の深い霧に覆われようとしているのです。

もちろん、歴史は同じようには繰り返しません。しかし未来を見通す手がかりは、やはり歴史に求めるしかありません。過去と現在を往復しながら、これから何が起きるのかを冷静に見極めることなしに、この混乱した時代を抜け出す実践的な指針は得られないのではないか。そのような問題意識から、本書を執筆することにしました。

前著『グローバル恐慌の真相』（中野剛志氏との共著）に引き続き、編集部の服部祐佳氏には大変お世話になりました。あらためて深謝するとともに、本書の出版に関わっていただいた全ての方に、心からお礼申し上げます。

二〇一二年九月

柴山桂太

柴山桂太（しばやま　けいた）

滋賀大学経済学部社会システム学科准教授。一九七四年、東京都生まれ。京都大学経済学部卒業後、京都大学人間・環境学研究科博士課程単位取得退学。専門は経済思想、現代社会論。主な共著に『グローバル恐慌の真相』（集英社新書）、『危機の思想』（NTT出版）、『成長なき時代の「国家」を構想する』（ナカニシヤ出版）など。

集英社新書〇六五八A

静《しず》かなる大恐慌《だいきょうこう》

二〇一二年　九　月一九日　第一刷発行
二〇一二年一二月二五日　第五刷発行

著者……柴山桂太《しばやまけいた》

発行者……加藤　潤

発行所……株式会社集英社

東京都千代田区一ツ橋二-五-一〇　郵便番号一〇一-八〇五〇

電話　〇三-三二三〇-六三九一（編集部）
〇三-三二三〇-六三九三（販売部）
〇三-三二三〇-六〇八〇（読者係）

装幀……原　研哉

印刷所……大日本印刷株式会社　凸版印刷株式会社

製本所……加藤製本株式会社

定価はカバーに表示してあります。

ISBN 978-4-08-720658-6 C0233

Printed in Japan

a pilot of wisdom